U0848502

清末民初文獻叢刊

滬游雜記

[清] 葛元煦 著

朝華出版社
BLOSSOM PRESS

圖書在版編目（CIP）數據

滬游雜記 / (清) 葛元煦著. -- 北京 : 朝華出版社,
2018.9
(清末民初文獻叢刊)
ISBN 978-7-5054-4306-8

Ⅰ. ①滬… Ⅱ. ①葛… Ⅲ. ①上海－地方史－近代
Ⅳ. ①K295.1

中國版本圖書館CIP數據核字(2018)第174138號

滬游雜記

作　　者 ［清］葛元煦

選題策劃 楊麗麗　尚論聰
責任編輯 劉小磊
特約編輯 齊　芳
責任印制 張文東　陸競贏
封面設計 劉敬偉

出版發行 朝華出版社
社　　址 北京市西城區百萬莊大街24號　**郵政編碼** 100037
訂購電話 （010）68996618　68996050
傳　　真 （010）88415258（發行部）
聯系版權 j-yn@163.com
網　　址 http://zhcb.cipg.org.cn
印　　刷 藝堂印刷（天津）有限公司
經　　銷 全國新華書店
開　　本 880mm×1230mm　1/32　**字　　數** 58千字
印　　張 13.25
版　　次 2018年9月第1版　2018年9月第1次印刷
裝　　別 精
書　　號 ISBN 978-7-5054-4306-8
定　　價 100.00元

版權所有　翻印必究·印裝有誤　負責調換

出版前言

中國自一八四〇年鴉片戰爭以來，傳統的農業文明在西方的堅船利炮轟擊之下徹底被顛覆，有擔當的知識分子苦苦追尋，思索社會改革的途徑。從最初的『師夷長技以制夷』到『民主制度，天下之公理』（梁啓超語），他們發現要『强國富民』，首先要『開啓民智』，衹有民衆擁有了獨立思想和批判精神，國家纔能實現真正的强大。在此後一百年的時間裏（一八四〇—一九四九），思想者們從社會變革深入到國民性的改造，用每一部作品見證着中國近代化的遞變歷程。這是一個極其重要的時代，《清末民初文獻叢刊》正是收録了這一時期的作品，大部分書籍都是早期版本，有着極高的文獻研究價值。

清末的中國經歷了『三千年來未有之大變局』（李鴻章語），大清王朝面對西方列强的艦炮，表現得驚慌失措。尤其是鴉片戰爭，使『天朝帝國萬世長存的迷信受到了致命的打擊，野蠻的、閉關自守的、與文明世界隔絶的狀態被打破了』（《馬克思恩格斯選集》）。一批士大夫知識分子，尤其是在歐美諸國擔任使臣或者游歷的知識分子最先覺醒，着眼于對西方國家的考察，進而反省本國政治制度的劣勢，可以視作『啓蒙』的端倪。如曾擔任駐英公使（兼任駐法公使）的郭嵩燾在《使西紀程》中以日記的形式記録了自己對歐西諸國的觀感，他在考察了英國的政治制度之後，發現英國政府官員收入超過三百磅者與普通老百姓一樣同等納稅，他說：『此法誠善，然非民主之國，則勢有所不行。西洋所以享國長久，君民兼主國政故也。』他明確提出了『民主』，在國家的管理問題上，人民也有參與的權利。他在該書中所披露的西方政治、經濟、文化等領域優于大清帝國這一事實觸動了保守派的神經，立刻遭到保守派群起而攻之，進士何金壽彈劾他『有二心于英國，欲中國臣事之』，他家鄉湖南的民衆對他更是痛加詆毀，以至于滿城揭帖，誣蔑他『溝通洋人』，在這種群情洶洶的情況下，朝廷最後下旨將《使西紀程》毁版，從而使該書成了禁書。然而，書雖被毁版，却不能堵死民衆的傳播與閲讀的途徑，上海的《萬國公報》依舊連載該書，張佩綸曾說：『朝廷禁其書，而新聞紙接續刊刻，中外傳播如故也。』從某種意義上來說，啓蒙是時代的需要，盡管清政府發諭旨禁了該書，民衆乃至一些朝廷大員却依舊在私下閱讀，以便瞭解外部的世界。進步的社會是開放性的，任何企圖『閉關鎖國』的努力都意味着歷史的倒退，祇有開放，與整個世界文明保持同等的步伐，纔能實現真正的强國之夢。當大批知識分子走出閉鎖的國門，親歷了文明的洗禮之後，也就把啓蒙的智識帶回了中華大地。容閎的《西學東漸記》，梁啓超的《新大陸游記》，崔國因的《出使美日秘日記》等一大批作品介紹了海外諸國的政治、經濟、軍事、外交、文化。雖然這些作品在認識上仍然帶有時代的局限性，然而却是那時最爲珍貴的聲音。

另一方面，在學術上，中國文化母體内『經世致用』思想與資産階級思想相結合，也喚起了變革，以康有爲、梁啓超爲首的改良派試圖通過自上而下的革新以實現變革。康有爲的《新學僞經考》《孔子改制考》就是借經學之表論資産階級學説之裏的著作，康有爲的弟子梁啓超更是通過《新民説》一書提出國民性改造。與早期啓蒙者『師夷長技』的器物文明引進不同，梁啓超上升到形而上的精神領域，從文化心理上更加徹底地進行變革。梁氏是清朝末年到民國初年一個橋梁式的人物，被譽爲『輿論之驕子，天縱之文豪』，其影響力不但在學術領域，同時還在文學領域，他所倡導的『詩界革命』得到了譚嗣同、黄遵憲、丘逢甲等人的響應，黄遵憲的《日本雜事詩》，丘逢甲的《嶺雲海日樓詩鈔》都體現了這種主張。這一主張要求反映新的時代和新的思想，用『我手寫我口』（黄遵憲語）的方式直抒胸臆，對長期占詩壇主流的擬古主義、形式主義產生了巨大的衝擊，解放了寫作者的心靈和頭腦。

與社會變革同步的是早期對西方思想著作的翻譯，這裏面影響最大的是嚴復，他翻譯的《天演論》《社會通詮》等書直接孕育了民國一代的知識階層。魯迅、胡適等人在文章中都曾提到《天演論》對他們思想所產生的震撼。與嚴復略有不同的另一位翻譯家是林紓，他的譯作雖然參差不齊，但却在更細膩的心靈層次對讀者產生影響，許壽裳曾回憶，他和魯迅都熱衷于林譯的小説，如《巴黎茶花女遺事》《黑奴籲天録》《迦茵小傳》等作品。

辛亥革命之後，進步社會思潮成爲主流，比之清末思想啓蒙者『求存』的追求，民國以來的知識階層深入到了更加細微的肌理，一方面呼唤社會變革，另一方面進行點滴的建設，革命并不能使所有的一切一蹴而就，在更加深廣的領域，事物的改變是由微觀而宏觀。通俗地説，比之于革命，建設的意義更大。如《中國商業史》《中國教育史》《中國倫理學史》《中國哲學史大綱》《中國小説史略》等一大批作品都是進行系統的梳理與建設的理論作品。其中，以胡適和魯迅二人的影響最大，他們的作品一紙風靡，從而成爲新文化運動的主力人物。

《清末民初文獻叢刊》收録的文獻大致上可以分爲三個階段，其中龔自珍、張之洞、魏源、郭嵩燾、薛福成等人的作品可視爲『早期啓蒙』，康有爲、梁啓超、黄遵憲、嚴復、林紓等人的作品可視爲『中期啓蒙』，胡適、魯迅、蔡元培等人的作品可視爲『晚期啓蒙』。當然，這種劃分并非嚴格意義上的，大部分啓蒙思想者隨着時代的變化，其思想在不斷進步。縱觀整個近現代史，可以發現，要求變革不是在某一個領域，由某一類人發起和完成的，而是全社會的要求。

變革，已經成爲全社會的共識。

從清末民初的文獻中，我們能够發現一種豐富性。這些作品涉及政治、經濟、軍事、教育、外交、宗教、心理、情感等方方面面，從内而外地净化着中國兩千年以來的封建積習。它不衹是對社會的改造，更是對人心靈的重塑；它首重國家社會之建設，同時亦重靈魂心智之喚醒；它是宏大的，也是微觀的；它是嚴肅莊重的，也是活潑靈動的；這些作品結構精巧，思想內容深刻，擁有濃厚的人文主義色彩，對推動社會主義建設，實現中國夢有重大意義，是近現代中國一百年來最宏富的智識與情感的寶藏。因此，整理這些文獻作品，無論是出于資料保存的目的，還是爲圖書館提供資料副本，都有不可估量的意義。

特定時代下的文獻，當它一旦形成（既指草擬，創作的完成，也指其成爲一個載體），就不可再複製了，也就意味着它將面對消亡。對于文獻資料而言，越接近歷史事件發生的時代記録，越具有研究價值。文獻本身具有不可再生性，它衹會消亡，而不會增多。盡管文獻本身的文字可以保留下來，并進行傳播，却失去了當時的時代氣息。當時的作品可能在技巧上，文字的成熟度上不及當代，但它所負載的信息，創作者的情感都反映了當時的歷史，也就是説，它具有不可替代的歷史意義。

影印的版本有三個特點，第一是擁有文獻的『原始性』；第二個特點是『未經改動的』；第三個特點是『歷史的原貌』。所謂『原始性』，也就是説，它是第一手資料，而非轉述的，回憶形成的；『未經改動的』，是指未被篡改、删節、挖補的；『歷史的原貌』是指在影印製作過程中，完全依照文獻的原來模樣……這樣製作出版的作品，無异延續了文獻的壽命。

近現代思想史上的一個最重大的思潮就是『開放』，從林則徐的『開眼看世界』到蔡元培的『兼容并包』，都是在倡導一種開放式的胸襟。而《清末民初文獻叢刊》最有魅力的部分就是『開放』這一主題，祇有融入到世界文明發展的進程中，中華文明纔能歷久彌新。

《清末民初文獻叢刊》編委會

二〇一七年四月十四日

凡例

一、《清末民初文獻叢刊》（以下簡稱『叢刊』）爲影印本，舉凡所用之底本，均爲該書之早期版本。有清末刊本，亦有民國印本。

二、《叢刊》均依底本影印，未予删改，僅代表作者個人觀點，不代表官方立場；原刊本有誤，不予校改，以保留文獻之原貌。

三、《叢刊》所用之底本，因時日久遠存在漫漶的情況，均進行了修復；底本闕文、印刷不清，均保留原貌。

四、爲讀者閱讀之便，《叢刊》中之舊底本目録未標記頁碼者，編了目次；原底本有頁碼和目録，未予重複編目。

五、爲保持文獻的原始風貌，影印本保留了原書書影（原書爲多册，則保留第一册書影）、扉頁等信息。所用底本無相應信息者，則不予妄添，以免錯訛。

目録

浪游雜記

嘗考上海邑志載本邑於前明分自華亭蓋濱海一小縣耳我朝因之自太倉之瀏河口淤淺後海船改由吳淞出入於是漸臻繁盛迨道光季年五口通商中外互市遂成巨觀近則輪船愈多外海長江四通八達人物之至止者中國則十有八省外洋則廿有四國猗歟盛哉自生民以來未有若是之美備者也向稱天下繁華有四大鎮曰朱仙曰佛山

曰漢口曰景德自香港興而四鎮遜焉自上海興而香港又遜焉予履兹土廿有餘載目見耳聞日新月盛思仿日下舊聞都門紀畧體例編輯成書俾士商之來游者有所稽攷不致心迷目眩苦於塵勞鮮暇未獲如願吾友同里葛君理齋寓滬有年時相過從茶餘飯罷歸輒編記若干則日復一日積久成帙分爲四卷頗便繙閱美矣備矣蔑以加矣謂

爲遍游指南之針亦何不可因慫恿付梓並
爲序其緣起云
光緒二年丙子冬十一月錢塘袁祖志翔甫
氏識

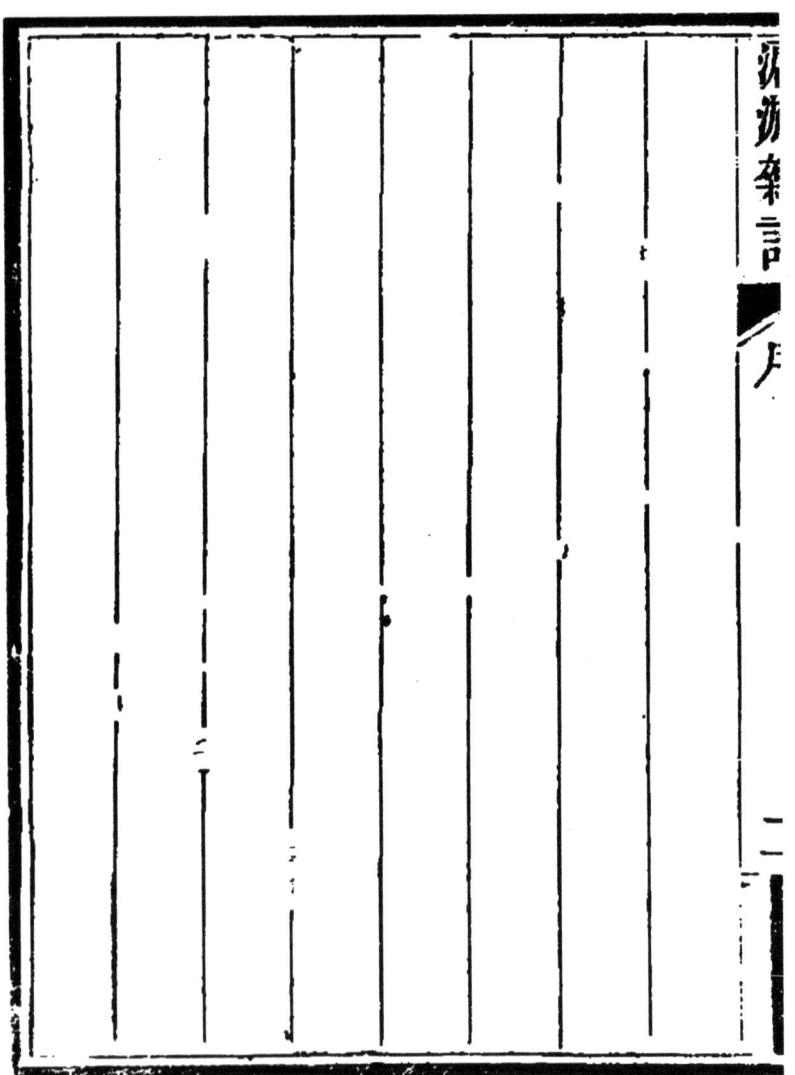

余游上海十五年矣寓廬屬在洋場耳目所及見聞遂夥因思此邦自互市以來繁華景象日盛一日停車者踵相接入市者目幾眩駸駸乎駕粵東漢口諸名鎮而上之來游之人中朝則十有八省外洋則二十有四國各懷入國問俗入境問禁之心而言語或有不通嗜好或有各異往往悶損以目迷足裹爲憾旅居無事爰仿都門紀畧輯成一書不憚

煩瑣詳細備陳俾四方文人學士遠商巨賈身歷是邦手一編而翻閱之欲有所之者庶不至迷於所往卽偶然莫辨者亦不必詢之途人似亦方便之一端若謂可作游滬者之指南針也則吾豈敢光緒二年冬至日仁和葛元煦識

滬游雜記弁言

一是集係仿都門紀畧而作首載風俗人物專取近年目前事蹟隨記隨錄並不分門別類另列英法美三國租界地圖及各國通商船旂式樣其城南勝跡閒及一二以備游滬宦商便覽

一滬上竹枝詞有散見申報者有彙刻成書者不一而足其餘古今各體詩詞歌

賦亦復美不勝收是集吟咏惟選未刊之申江雜詠六十首間擇各體詩賦詞曲以供賞玩

一四卷附載絲茶錢滙等業行棧字號住址以便遠方人來入市交易易於查閱原知常有遷移增減未足久憑擬於丁丑春起隨時增修倘有舛錯之處仍望各商號知照更改尤爲幸甚

一各洋行外國往來輪船甚夥其不載客者一概不列惟英法兩國公司輪船可以搭客往來香港故將船名畧載一二俾可查考

一滬地洋行有二百餘家未能全載僅擇著名者數十家附入四卷

一上海自通商後北市繁華日盛一日與南市不同宦商往來咸喜寄跡於此故

卷內所載惟租界獨備非敢畧彼而詳此也

一北市烟花遍地淫靡成風不載則嫌其缺畧詳載又恐傷風化然桑間濮上孔子不刪未始非示人以勸懲也茲集揭出青樓俗例二十六則祈閱者勿以褻害意焉可耳

一是集原備採風問俗起見逐條所記皆

實情實事毫無虛飾惟一人耳目難周
誠恐掛一漏萬閱者諒之

法租界圖

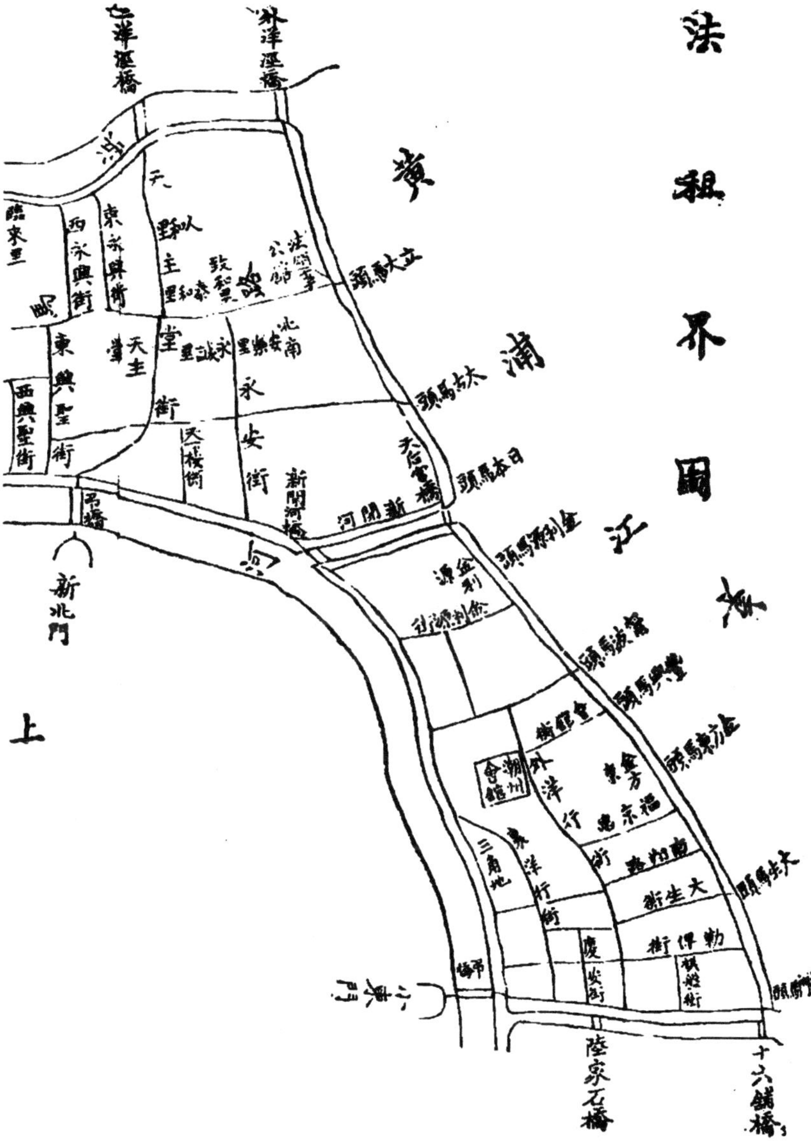
黃
浦
江
上
洋涇橋
浜
新北門
新開河
新開河橋
天主堂街
永安街
天主堂
東興聖街
西興聖街
太古馬頭
日本馬頭
天后宮橋
潮州會館
外洋行街
三角地
陸家石橋
十六舖橋

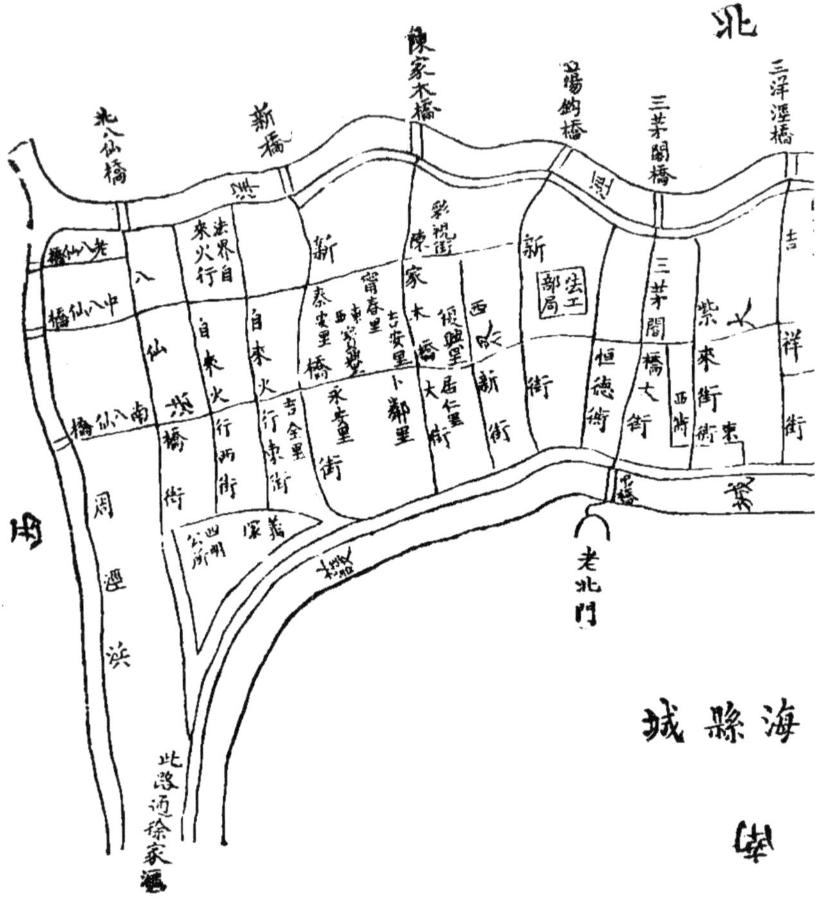

北
西
南
海縣城
老北門
北八仙橋
新橋
陳家木橋
三茅閣橋
三洋涇橋
周涇浜
此路通徐家滙
法界自來火行
八仙橋街
自來火行西街
自來火行東街
新橋街
陳家木橋大街
新街
恒德街
三茅閣橋街
紫來街
東新街
吉祥街
法工部局
吉安里
永安里
居仁里
四明公所
義冢

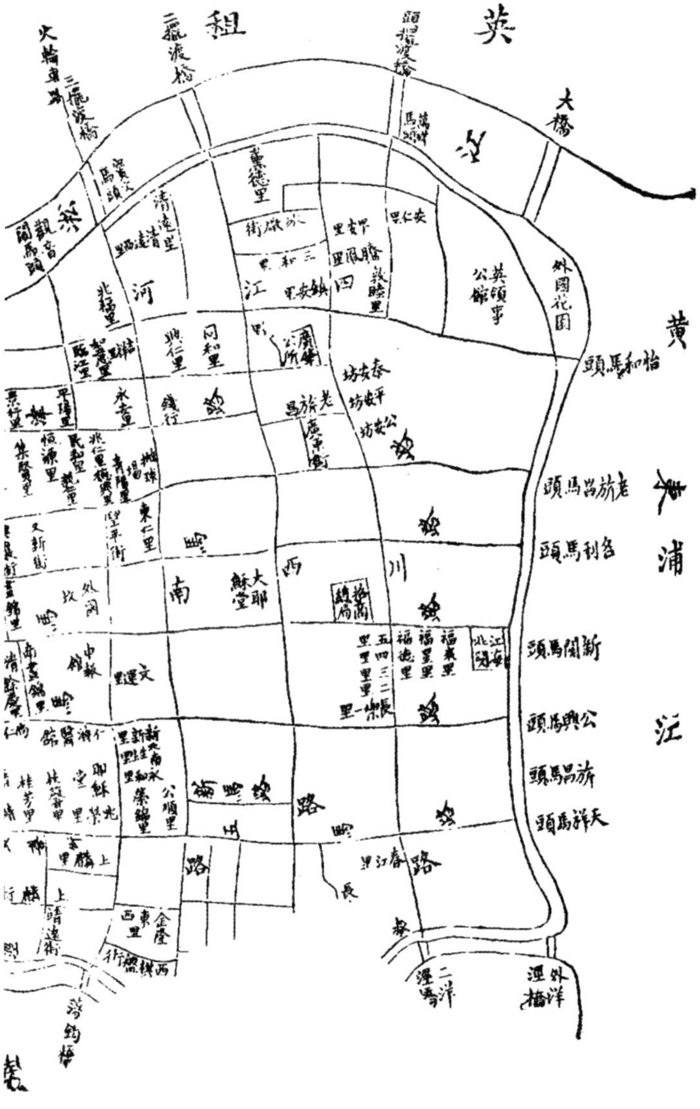

英
租
黃
浦
江
大橋
外國花園
英領事公館
怡和馬頭
新開馬頭
公興馬頭
天祥馬頭
外洋涇橋
二洋涇橋
火輪車路
觀音閣馬頭
四
川
路
江
西
路
南
路

界　圖

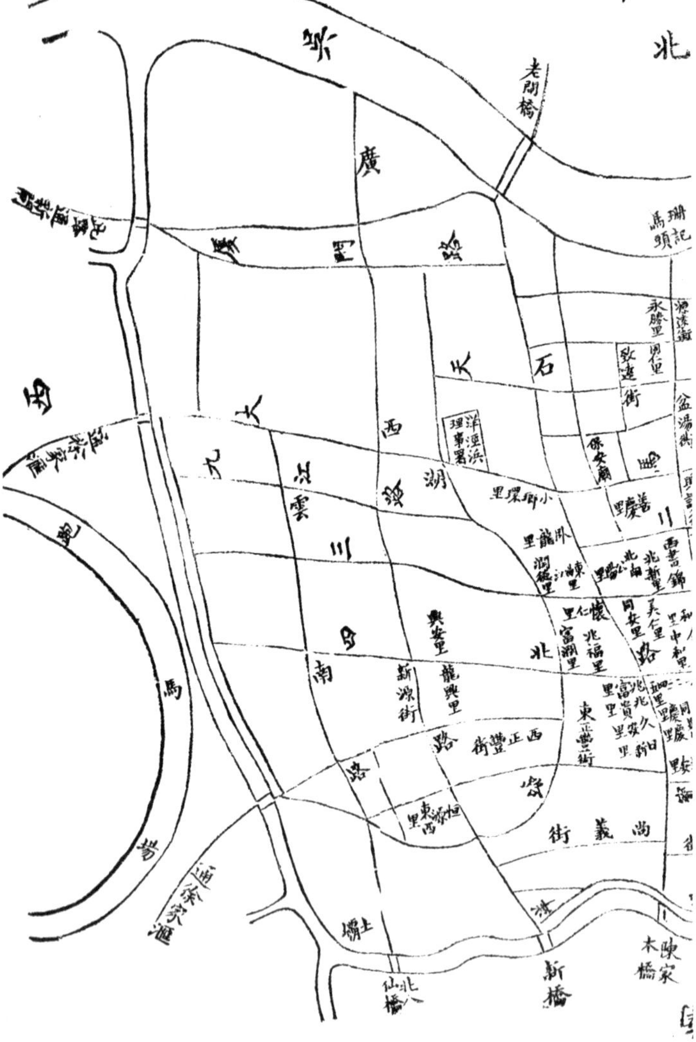
北
老閘橋
廣
珊記碼頭
永勝里
同仁里
致遠街
石
天
益湯街
洋涇浜理事署
西
湖
大
雲
川
保安廟
善慶里
小環里
臥龍里
同安里
北福里
富潤里
懷仁里
興安里
龍興里
新源街
南
北
路
西正豐街
東正豐街
恒源里
尚義街
馬
場
徐家滙
上塘
北仙橋
新橋
陳家木橋

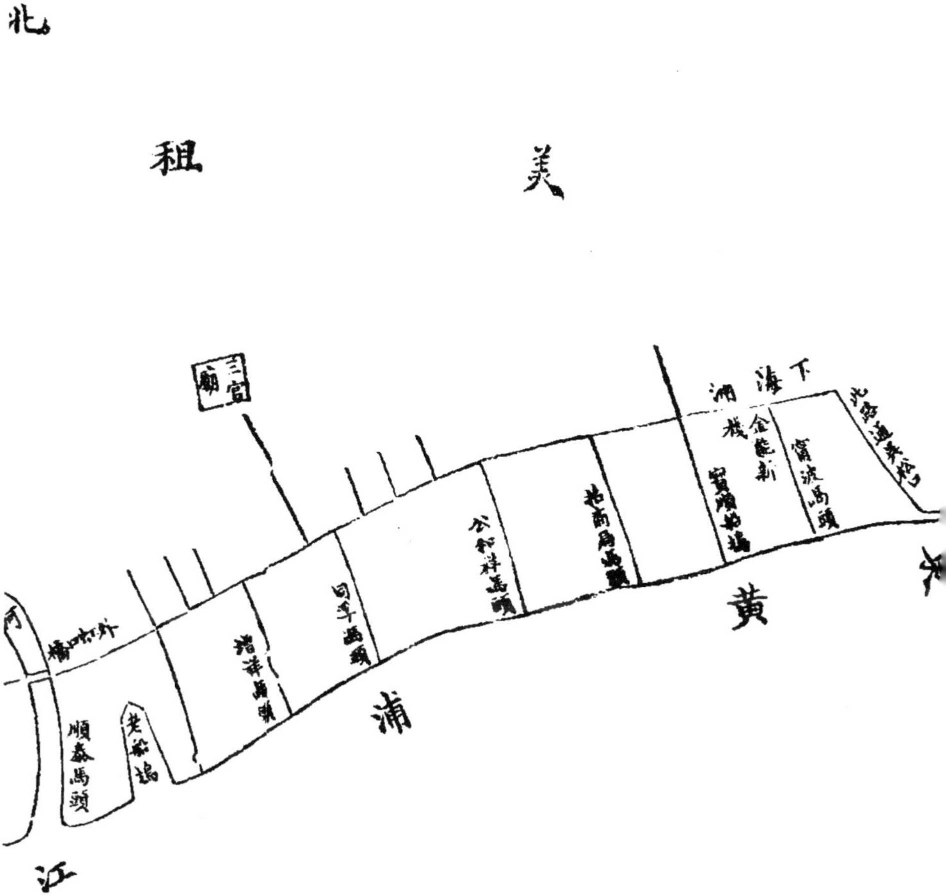
北
租
美
三官廟
下海浦
北路通吳淞口
金能新棧
寧波馬頭
寶順船塢
招商局馬頭
公和祥馬頭
同孚馬頭
增祥馬頭
外虹口橋
河
老船塢
順泰馬頭
黃
浦
江

界圖

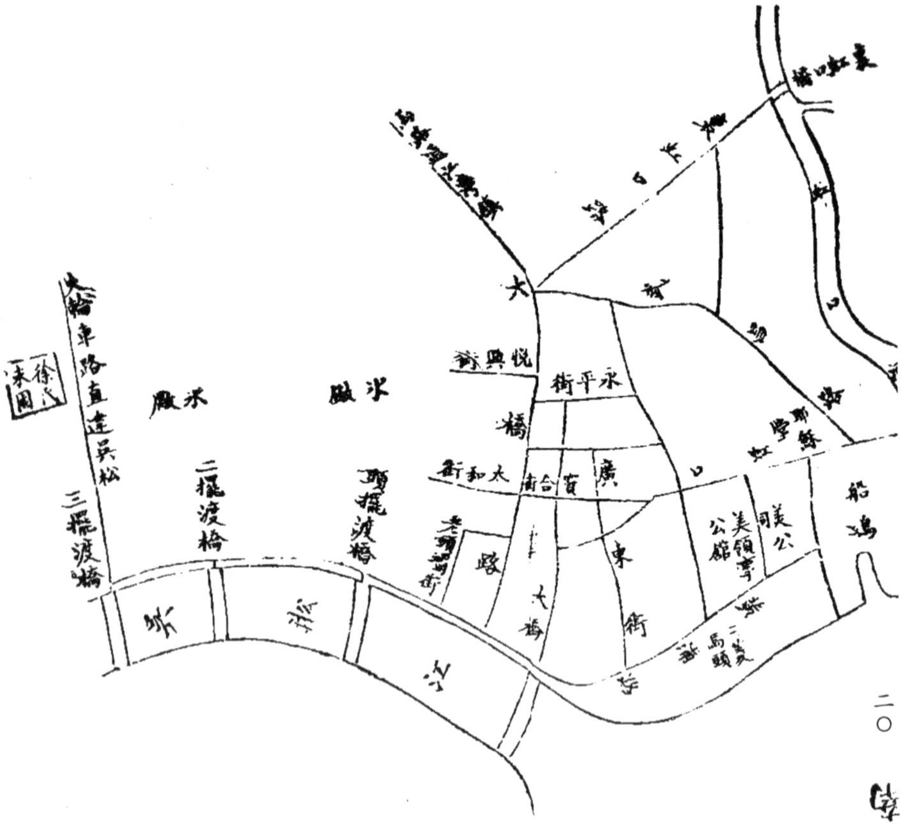

大清國旗

黃色緣邊青龍兼五彩

大清國常用旗

同上

大日本國旗

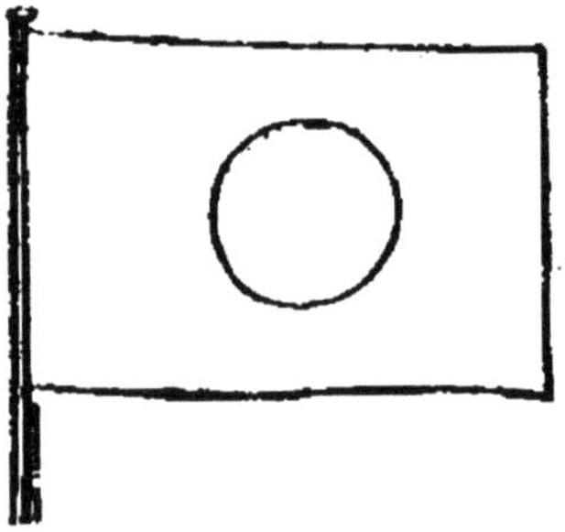

白色圓圖紅色

大英國旗

旗色分四角入黃底藍立獸紅底黃兩疊獸黃底紅

大英國通商常用旗

紅色裏角斜正十字紅底藍

大丹國旗

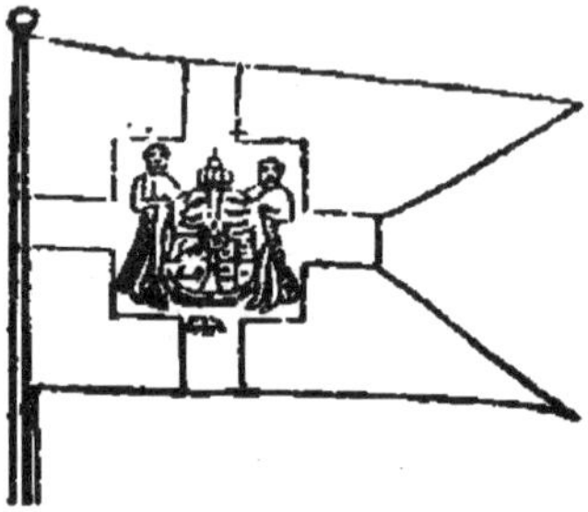

紅色中十字白人物黃色兼五彩

大丹國通商常用旗

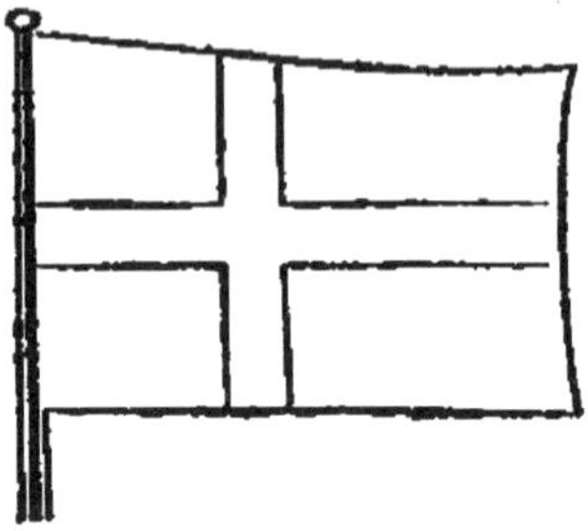

紅色十字白色

大法國旗

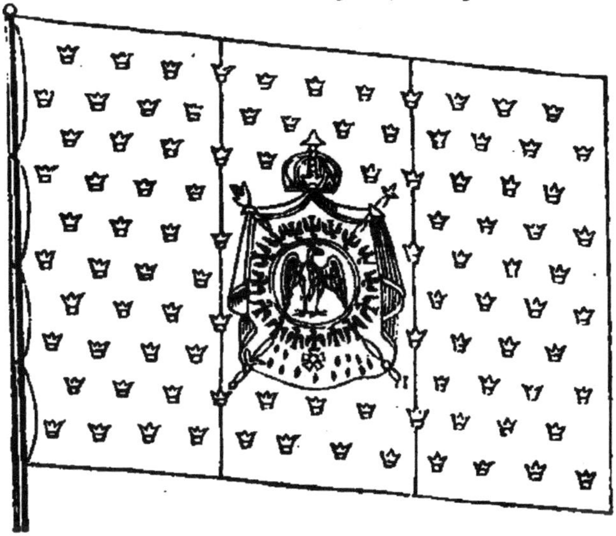

大法國通商常用旗

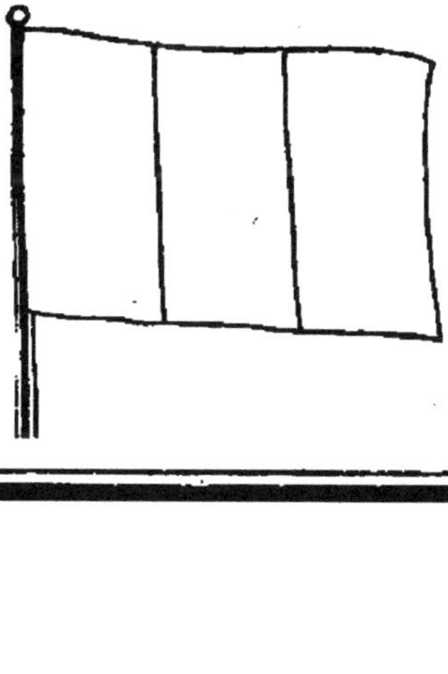

大旗分三色中白外紅裏藍花白巾圖藍底黃鳥兼五彩

小旗分三色同前無花樣

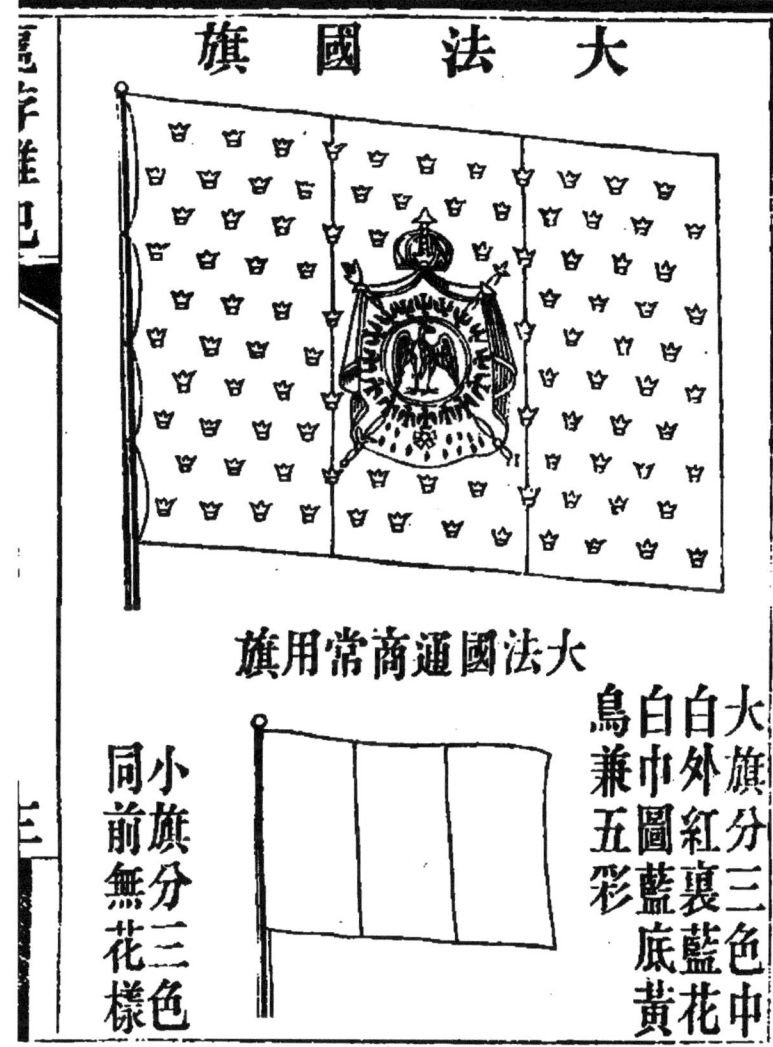

大美國旗

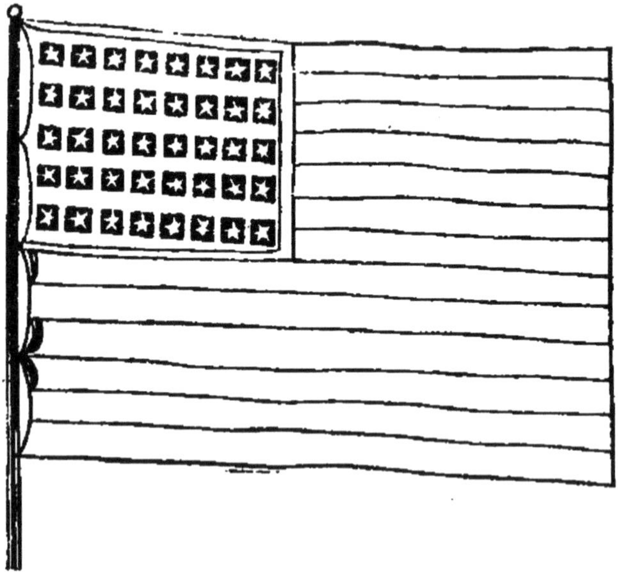

紅白相間裏角白花藍底

大荷蘭國旗

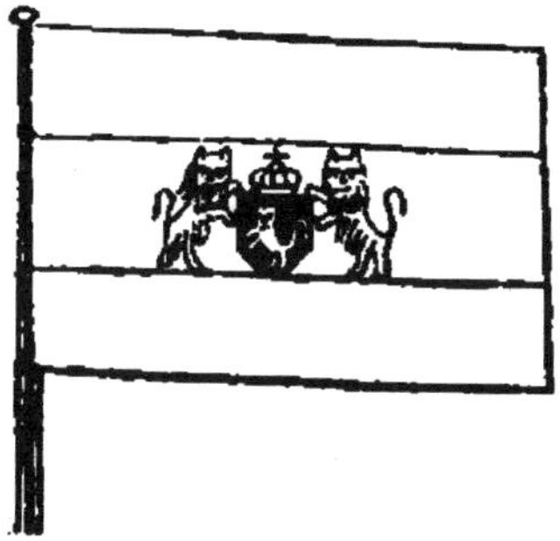

上紅中白下藍色花樣黃色兼雜色

大荷蘭國通商常用旗

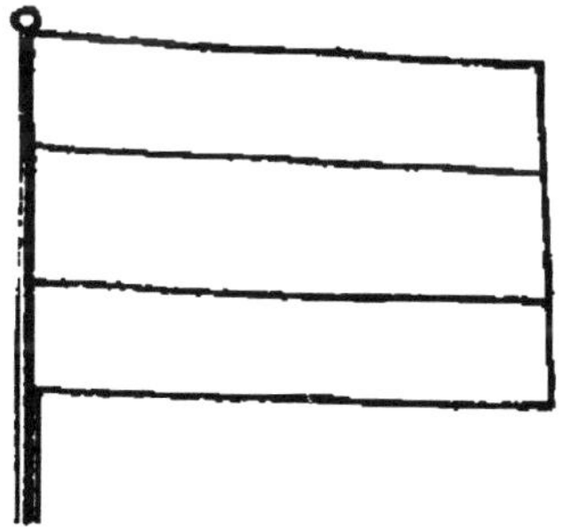

同上無花樣

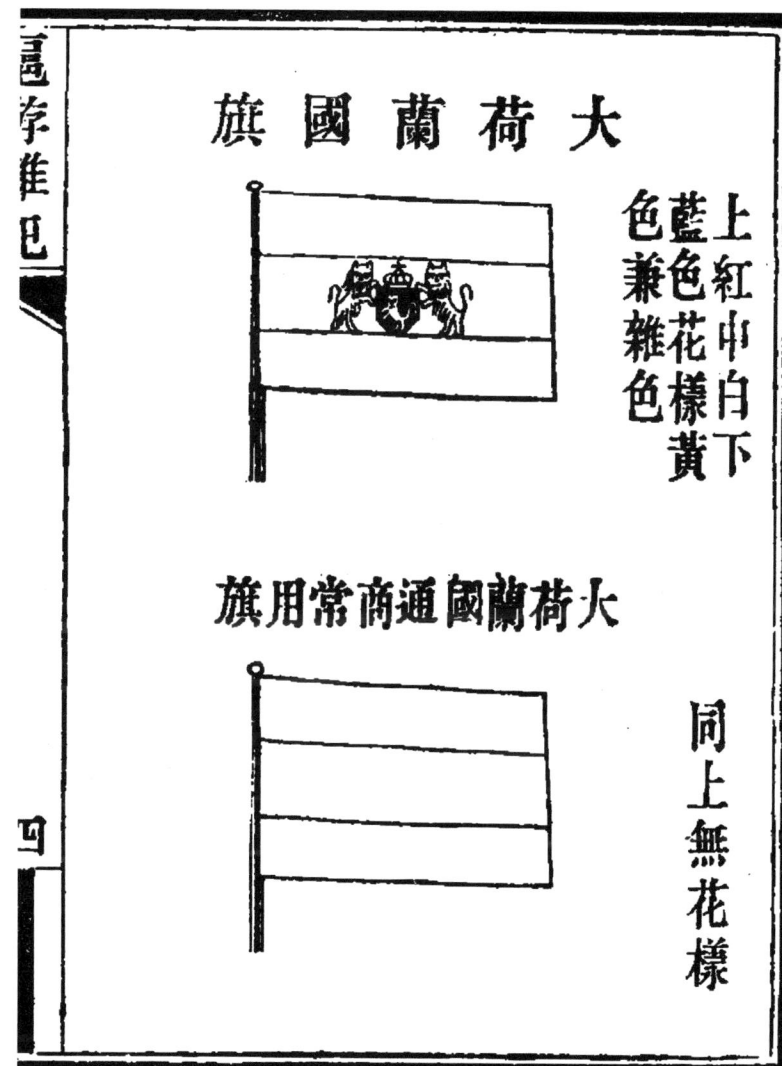

大瑞威頓國旗

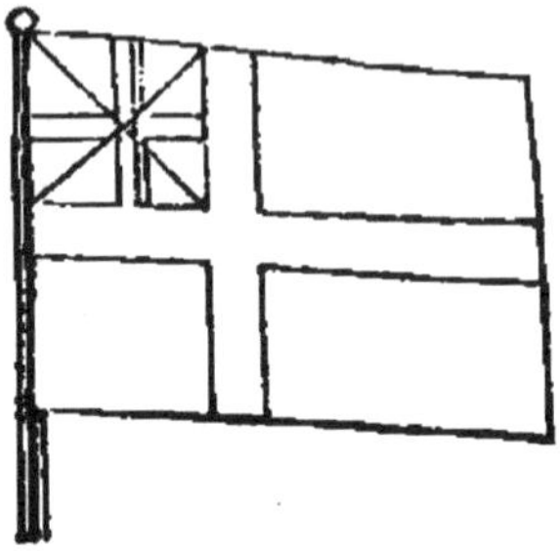

藍色十字黃色裏角花樣藍紅黃白色相間

大瑞威頓國通商常用旗

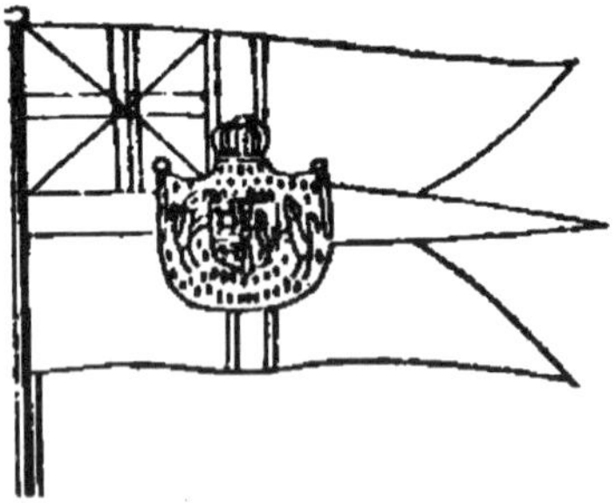

同上中加花樣白色

大比路國旗

中白裏外紅色花樣雜色

大意大利國旗

中白外紅裏
綠三色花樣
十字白底紅
上間黃色

大俄國旗

黃色花樣黑間雜色

大俄國通商常用旗

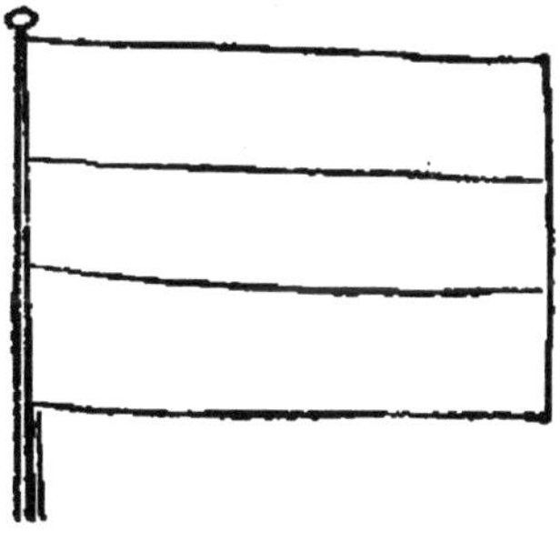

上白中藍下紅三色

大日斯巴尼亞國旗

花樣五色相間用
紅黃白三色居多

大日斯巴尼亞國通商常用旗

黃紅二
色相間

大比利時國旗

中黃外紅裏黑
三色居中花樣
顏色無常

大比利時國通商常用旗

同上無花樣

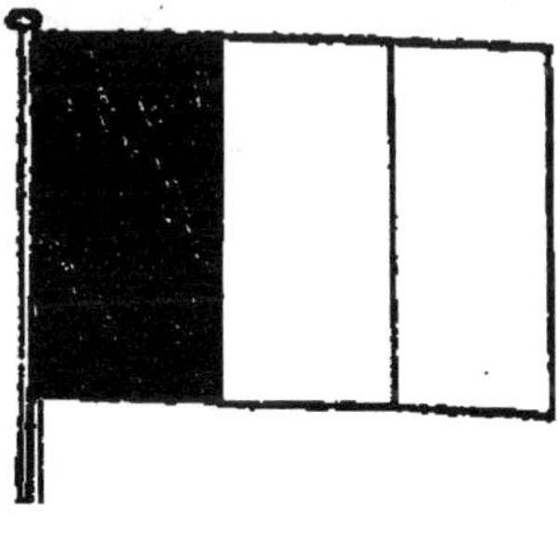

大北德意志國旗

旗黃底中圖白底十字花樣皆黑色

大北德意志通商常用旗

白色黑邊花樣兼黃色

大奥斯馬加國旗

黃色邊用黃紅藍三色相間鳥黑中小圖白八黃

大奥斯馬加國通商常用旗

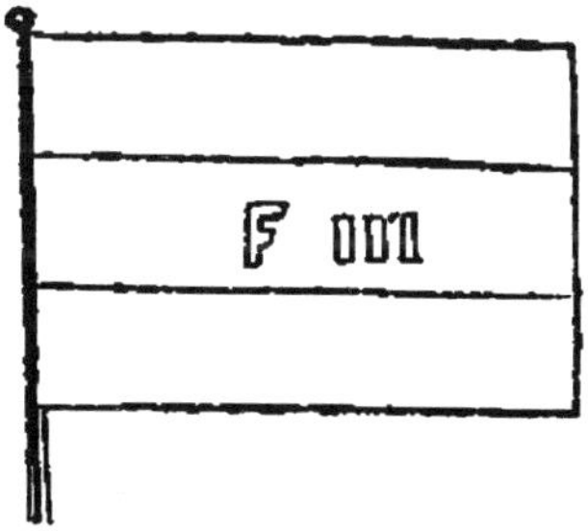

上下紅中白字黃色

滬游雜記卷一目錄

滬游雜記卷一

武林葛元煦理齋

上海交界里數

上海縣東至川沙廳界三十里西至青浦縣界三十六里南至南滙縣界七十二里北至寶山縣界十二里東西横六十六里南北縱八十四里

租界

租界在滬城東北周十餘里以河為界法國自小東門外陸家石橋河北起至北門外三茅閣橋河南止英國自三茅閣橋河北起至二擺渡老閘河西南止美國自二擺渡河東北起至外虹口一帶止三國租界英居中地廣人繁洋行貨棧十居七八其氣象尤為蕃盛法附城東北隅人烟湊密惟街道稍覺狹小迤東為閩廣幫聚市處美祇沿江數里皆

船廠貨棧輪舟碼頭洋商住宅粵東甯波人
在此計工度日者甚衆

馬路

租界大街由東至西者統稱馬路同治初惟
英界大馬路稍覺寬暢亦不免泥水垢穢經
工部局陸續整理兩旁砌以石礲較馬路稍
高礲下砌石條微側引水入溝雨過即可行
走專司馬路工程者爲馬路管又稱街道廳

其法先將舊泥鏟鬆滿鋪碎石或瓦礫七八寸使小工以鐵鎚擊碎再加細沙一層用千觔鐵擂合數十人牽挽從沙面滾過其平如砥遇小缺陷隨時修補英界南之陳家木橋蕩釣橋北之珊記碼頭老閘等處爲擔水要道改用碎石大小疊砌以石灰膠泥拌摻縫內水不存積歷久不壞且每日掃除兩次尤爲潔淨

陰溝

馬路陰溝以磚兩層砌腰圓式直通黃浦隨潮水為漲退路旁石砌下通溝處砌方式水倉一所較溝深三四尺使水沖入倉內汙泥沈底清水入溝經兩數次揭起倉面石板以長勺撈出污泥則陰溝永無壅塞之虞馬路疊經修築十數年間高幾二尺陰溝亦隨之而高矮巷舊屋愈形窪下小溝積水竟無出

路交夏後渠蚊成雷難免濕鬱之患必得産
主將房屋墊高陰溝重砌方妙

陰井

上洋潮退河溝皆涸一遇火災無可施救西
人於距河稍遠之地路底築大井十口一字
排列井底通連上鋪鐵蓋使車馬往來無虞
傾陷用時揭蓋以水龍尾拖入吸水洵救急
之善策也

大橋

頭擺渡老閘兩處西人造大橋二行人往者每輸錢四文來者亦然車輿倍之近歸工部局買回不復輸錢更添二橋以便行旅惟馬車過橋不容馳驟耳

道旁樹木

租界沿河沿浦植以雜樹每樹相距四五步垂柳居多由大馬路至靜安寺亘長十里兩

旁所植葱鬱成林洵堪入畫

租界例禁

一禁馬車過橋馳驟　一禁東洋車小車在馬路隨意停走　一禁馬車東洋車夜不點燈　一禁小車輪響　一禁路上傾積垃圾　一禁道旁小便　一禁肩輿挑擡沿路叫喝　一禁施放花爆　一禁不報捕房在門外砌路開溝及拆造臨街房屋　一禁私賣

酒與西人飲　一禁春分後霜降前賣野味
一禁賣臭壞魚肉　一禁賣夜食者在洋
行門首擊梆高叫　一禁肩挑倒掛雞鴨
一禁吃講茶　一禁沿途攀折樹枝　一禁
九點鐘後挑糞擔　一禁乞丐　一禁夜間
行人形跡可疑及攜挾包裹物件手無照燈
一禁聚賭酗酒鬭毆

上海城隍

相傳城隍神即邑人秦裕伯元時人明初徵爲行省參議不就歿後屢著靈跡爲生民保障殿前列石阜隸四傳聞自海上浮來甚奇

神誕日

三月二十三日爲天后誕粵閩客商及海船皆演劇伸敬三月二十八日爲城隍夫人誕鄉鎮婦女進香甚衆六月二十三日爲火神誕大東門內街市店舖皆懸燈結綵二十四

日爲雷祖誕廟在新北門內毘連丹鳳樓爲小穹窿七月底爲地藏王誕庵在大東門南城腳二六九月大士成道及誕辰新北門內沈香閣大馬路紅廟香火最盛

武聖宮

武聖宮有三處一在西門內大街爲地方官春秋致祭之所一爲大千勝境在城西北隅規模宏壯可資遠眺夏宜納涼冬宜賞雪一

爲丹鳳樓在城東北隅樓閣皆附於城堞窓臨黃浦可以觀濤

邑廟東西園

東園卽內園在廟後東偏迴廊曲折山石嶒崚結搆頗奇幻歲修爲錢業承値每屆令節或蘭花會方開園扉任人游覽豫園爲前明潘充庵方伯所建地約四十餘畝極亭臺池沼之勝後潘姓式微園亦漸圮時申浦初通

海舶商賈雲集潘氏急於求售衆遂以賤值得之歸邑廟爲西園池心建亭左右翼以石橋名曰九曲橋又有香雪堂三穗堂萃秀堂點春園諸名勝堂上皆懸邑神畫像園西北隅有巨石疊作峯巒磴道盤旋而上重九登高者甚衆惜園內競設茶館及各色店舖竟成市集凡山人墨客及江湖雜技皆託足其中迥非昔時布置未免喧嗔嘈雜耳

也是園

也是園亦名南園即蕊珠宮祀文帝斗母諸神疊石鑿池栽花種竹頗饒林泉之趣園中荷池廣數畝花時游人甚衆有額曰塵飛不到爲呂仙乩筆其門外榜曰地近蓬萊

徐氏未園

粵東徐君雨之於二擺渡河北搆一園名曰未園地雖不廣然一邱一壑頗具匠心凡中

外奇花異卉栽植無遺眞塵俗中別開生面也

徐家滙花園

園爲彼利洋行所建遍植中外花木姹紫嫣紅規模畧具並奏西樂招中外人遊賞盤餐兼備所費無多當夕陽欲下西人往往挈二三知已徘徊其間華人則終鮮過而問津者

外國花園

園在英界虹口大橋沿江一帶徧地栽花隨處設座每日申酉時爲西人挈眷攜童游賞之所

外國花卉

滬地自通商後洋船帶來各國花卉奚止百數十種名目甚繁未能繙譯備載其花卉顏色雖各極鮮妍而絕無香氣殊不可解草本最多藤本花皆千葉惟玫瑰一種花蕊倍大

於中國香氣亦終不及耳

法華牡丹

法華牡丹卯於四郡州傳居西鎮之李氏自洛陽攜回百餘種植之漎溪園中有紫金球碧玉帶二種最爲名貴色香俱勝花時游賞者遠近畢集園主人張筵請客稱讌事焉自李園廢於兵燹後藝花者分種滋培當春作花肩挑市販至今僅存十餘種而已

春申侯祠

祠在老北門外三茅閣橋西北岸燬於兵燹邑人移建北門內同治初河干尚有春申古蹟牌坊今則并廢矣

青蓮庵

庵在老北門內即顧氏露香園故址臺榭園林昔擅一邑之勝今則惟佛火長明六時禪誦庵前方池植以芰荷四圍樹木陰翳猶有

城市山林景象焉

一粟庵

上海學宫書院善堂皆在城内西南隅地甚曠濶居民徧植桃蔬花卉藉以獲利近南爲一粟庵庵不甚廣引水栽竹池廊曲折嶌壁中居然具林泉幽致官紳士庶慶弔等事借此修醮諷經清齋醮客殆無虚日

施廟

廟在城中虹橋上神之來歷無可考證廟基不過四五椽求方許愿者麕至麻集青樓中尤爲敬信

黃婆庵

庵有新舊二一在楊家橋爲老庵一在胡家橋南爲新庵庵祀黃婆塑老嫗像向來香火最盛每屆秋成演戲酬神近則屋宇蕭條香烟久替爲木棉生計者竟至數典忘祖不可

解也至黃婆事詳見墨餘錄中

靜安寺

寺在城西北十餘里規模宏廠今則傾圮居多門臨馬路與法華東鎮相距數里每年四月八日為浴佛會地本僻靜互市後馬車盛行游人始駐足焉

龍華寺

寺在龍華鎮距城南十八里有浮圖七級聳

入雲霄每歲春閒傳戒三月十五日爲龍華會期香火極盛

紅廟

紅廟卽司徒廟在大馬路西內供大士像僅平屋數閒求籤問筶者踵相接也粤妓尤信奉每燒全猪爲供獻佛門素尚清齋此地獨奉特牲可發一噱

城隍會

邑神年例逢春秋冬三節出會祀孤無他儀從惟皁隸相隨者不下百數十人至夜間跑馬青年婦女披髮著紅衫褲雜行其間最爲陋俗旋經邑侯禁止此風稍息

茅山會

茅山殿即萬福行宮在西門內滬上各行棧及娼家皆信奉之每年春間俗傳眞君赴句容大茅山解餉回殿日儀仗整肅隸役扮演

儀狀猙獰頗駭人目

盂蘭盆會

廣肇山莊在新閘西爲粵人厝柩之所每屆中元節仿唐武后盂蘭盆會建水陸道場各行欲助臺閣雜耍紙紮人物爭奇鬭巧前邑侯以迎神賽會本干例禁出示禁止祗准設壇諷經屆期游人畢集極爲熱鬧

蘭花會

滬俗尚蘭蕙有梅瓣水仙瓣荷瓣等名愛者以重值購之甚至一花值數十金會設邑廟園中二月在船舫廳者爲蘭三月在內園者爲蕙屆期各蒔植家以佳種入會棐几湘簾磁盆竹格陳設幽雅游賞者甚衆

菊花會

會設邑廟內園之萃秀堂地饒林園之勝內則萬卉千花高低羅列其種之最新者有若

碧桃紫牡丹洋蝴蝶雪青帶金絲桃諸名色其種之最貴者有若御袍黃黃金帶玉帶蟹爪雪獅松針諸名色其種之最異者有若黑牡丹紫燕飛霜蒲萄紫楊梅紅紫臺捧桂金銀臺諸名色目眩神搖令人心醉微風過處又有清香沁人心脾不減陶彭澤東籬風味也

賽花會

西人賽花會始於光緒乙亥年設英領事署後園凡華洋奇花異草皆可入會聽評甲乙擇尤獎贈丙子首夏舉行第二次每次兩日午後准中外士女入園玩賞每客收洋蚨一枚以備茶點之需

水龍會

西人水龍會每年夏秋閒舉行一次是夜齊集浦灘各水龍排定次序居前者爲滅火龍

另紮一紙龍置車上中燭以火旁懸五采琉璃燈其後十餘車裝如前式閒以花炮火球火鏡火字及西人音樂光怪陸離耀人耳目來觀者人如潮湧昔人所謂噓氣成雲揮汗成雨者不是過也嗣以出會後必有火警故不復迎賽僅於浦灘上演習放水之法云

賽跑馬

大馬路西西人闢馳馬之場周以短欄所以

防奔軼也春秋佳日各賽跑馬一次每次三日午起酉止或三四騎或六七騎衣則有黃紅紫綠之異馬則有驪黃騮駱之別並轡齊驅風馳電掣場西設二廠備校閱以馬至先後分勝負第三日增以跳牆跳溝跳欄等技是日觀者上自士夫下及負販肩摩踵接後至者幾無置足處至於油碧香車侍兒嬌倚者則皆南朝金粉北里臙脂也鬢影衣香合

人眞箇銷魂矣

賽跑船跑人

西人跑馬之後又有跑船跑人之戲船長二三丈闊一二三尺不等頭尖身小蹻絕無倫其比賽在新閘大王廟前以八人打槳一人把舵亦有四人打槳者翻波撥浪疾若飛鳧跑人在跑馬場中其起步處界以白灰肥者前瘠者後一人執鐵銃爲號砰然一聲雙足齊

舉飛行絕跡誠足快人心目云

江海關

關有南北二處南關在大東門外設於庵点閒凡沙船出入例稅於此稽收焉道光間中外互市滬上爲通商總集增設北關在浦灘上專司洋船稅課紅巾之亂北關幾廢英國駐香港公使以爲例當輸納於是復設並以西人爲稅務司一正三副遂與南關分司課

税云

製造局

製造局即機器廠離城南數里地廣四百餘畝工匠二千餘人以機器製造輪船及各種軍械又有火箭分廠在陳家港火藥局在龍華寺南均以西匠一人爲監製

會審公堂

會審公堂爲辦理中外交涉事務而設租界

中凡小竊鬬毆等事由巡捕房解堂審理一在法界領事公署逢禮拜二四六委員與法國領事會審一在英界大馬路西即洋涇浜理事公廨除禮拜日外每日委員與英美二國領事會審若人命及軍徒各案仍照定例移縣辦理

會捕局

會捕局專司訪緝租界內盜賊募用暗查密

訪之人以通線索名線勇與捕快無異局創
自同治初年由道委員辦理頗著勞績

廣方言館

館在南門外製造局旁重樓傑閣門外種竹
萬餘竿濃陰夾道幽雅宜人館內以文童合
例者充選西士教習算學及西國語言文字
制器尚象之法三閱月一考核如有才能出
衆能辦洋務者即授以職

博物院

西人設博物院彙集西國新異之物陳設院中上而機器下及珍禽奇獸入其中者可廣見聞可資格致誠海外鉅觀也

牛痘局

牛痘法本蒙古傳於外洋種用鋸薄小刀刮破臂上膜皮男左女右將痘漿滴入候乾三四日後起泡發漿不延他處種以三粒或四

粒爲度種三次決無後患數日結痂不必避風忌口屢著成效邑廟園內官設牛痘局貧民無力種痘者至局施種租界則外國醫院工部局亦設局施濟

善堂

上海善堂林立有同仁輔元果育普育清節等堂及安老院保息局牛痘局保嬰總局或治病施藥或給棺掩埋或收養殘廢或設義

教讀屆冬令又開設粥廠並給棉衣米票種種善事不勝枚舉租界則洋人設仁濟醫館以外國法治病傷科尤妙設館以來活人無算

放生羊

邑廟後園地最曠放生之羊不下百數有三足者有獨角者往往出遊城外或趁渡至浦東遊倦乃還居民游客不敢觸焉嘗紅巾踞

城時有烹食者皆猝死豈羊之有靈歟抑物久有毒歟後以滋生日繁董其事者分置放生所自此園中石畔不復訛寢成羣矣

放生黿

邑廟園沼中有以黿放生者不數年池魚被食殆盡夜間上岸覓食甚至嚙人董事召漁者捕之縱之江心其患遂絕

工部局

工部局英法兩租界皆有之董其事者皆西商公舉之人由董事立巡捕頭目分派各種職司如修填道路巡緝街市解押人犯救火郵災等事係西人辦公滙總之所英工部局在棊盤街北法工部局在法界大馬路西

巡捕房

英工部局分設巡捕房二一在美國租界一一在盆湯街中法工部局分設巡捕房一在

小東門碼頭遇有要事電報傳信迅速無比

申報館

申報美查洋行所售也館主爲西人美查秉筆則中華文士始於壬申三月除禮拜按日出報每紙十文京報新聞及各種告白一一備載各省碼頭風行甚廣先有字林洋行之上海新報繼有粵人之滙報彙報益報等館皆早閉歇

客棧

上海爲通商碼頭輪船所至南閩粤北燕台天津及出外洋往各國必經之地商旅最夥客棧因此而盛輪船到埠各棧友登舟接客紛紛攘攘同庽之人亦五方雜處行囊旅橐必須親自檢點庶無遺誤

萬國公報

萬國公報出林華書院摘錄京報及各國近

事逢禮拜六出書一卷本名中西新報周年五十本售洋一元

格致彙編

格致彙編秉筆者爲英國傅蘭雅編內詳論格致功夫及置造機器諸法繪圖集解月出一卷周年價值半元在格致書院印售

西歷

西歷無閏故以三十日爲月小三十一日爲

月大核之三百有六旬又六日仍與中歷無異惟日辰不無參差元旦較中國先一月耳

禮拜

七日一禮拜爲西人休息之期即中歷虛房星昴四宿值日是日也工歇藝事商停貿易西人駕輕車騎駿馬或攜眷出遊或赴堂禮拜華人之居停西商者於先一日禮拜六夜徵歌命酒問柳尋花戲館倡寮愈覺賓朋滿座云

房捐

租界房屋工部局估値抽捐以房價之低昂定捐數之多寡每値百元捐洋八元分四季收取作租界各項工程並一切善舉之用從前尚有路燈垃圾等捐今已併入房捐矣

保險

保險創自西人如房屋船隻堆運貨物無不可保險卽人亦有保險章程其法估本提費

或以年計或按次算設遇水火不測卽照原估本銀賠償

棉花生日

上海鄉民種棉爲業俗以七月二十日爲棉花生日喜晴忌雨諺云雨打七月念棉花弗上店俗語靈驗十應八九

救生輪舟

黃浦江中海船停處桅檣林立潮汐漲退水

勢極溜渡船舢板往來載客時有失足落水之慮南門外設有救生輪舟一艘一日駛南一日駛北往返巡察洵屬善舉

房價

上海租屋獲利最厚租界內洋商出賃者十有六七樓屋上下各一間俗名一撞後以披屋設竈市面租界每月五六七兩銀數不等僻巷中極廉每間亦需洋銀三餅昔人言長

安居大不易今則上海居尤不易焉

教習英語文字

上海中外交易初皆不知英語非通事不可近則各行棧皆有一人能説英語蓋邇年設有英語文字之館入館者每日講習一時許卽止月奉修金無多穎悟幼童半載卽能通曉

救食生洋烟

鴉片烟之流毒中國久矣上自士夫下及貧
販幾至無人不染指焉卽食生烟自盡之案
亦復層見疊出而救治得生者十僅一二三
蓋諸方均用嘔吐等藥不知吞食者往往以
酒調服毒流臟腑其逗留上中焦者可吐而
生其流入腸胃以下者則不可吐而死矣武
林汪雲伯大令有用甘草一觔煎濃汁灌治
之法十可活八九蓋用吐不若用解之爲愈

也按甘草性解諸毒於洋烟尤宜灌下汁多能追入大小腸蕩滌烟毒用意最深查單方內有以甘草熬膏調入烟內每兩逐漸加至四五錢即能斷癮可爲解烟毒明證惟恐一時熬膏不及仁人君子不妨多備以濟世可也

輪船招商局

合肥李伯相剏立上海招商局製備輪舟載

客載貨以便商民販運北至天津南至閩粵東至日本暨長江一帶均有輪船往還搭載一如西國之制係由衆商集貲彙辦不設官員專用巨商董司其事行之數年頗著成效局設三馬路東另立碼頭在下海浦規模宏敞與旗昌太古鼎足而三焉

新報館

上海近添新報館在法租界之甯興街於丙

子十月初八日起售報章程一如申報惟閒以英國文字一二段少有區別

號頭

租界華洋房屋工部局於門首用小牌編明字號洋房牌用腰圓式寫某路第幾號華屋橫方式以千字文編列號數兼用中西文字取其收捐覓人易於查考

大自鳴鐘

鐘設法工部局離地八九丈高出樓頂勢若孤峯四面置針盤一報時報刻遠近咸聞丙子夏修造改低約二丈僅用針盤一面製較狹小城南董家渡天主堂亦有大自鳴鐘較此則又稍低矣

午正砲

西人設兵船於黃歇浦逢禮拜一五准十二點鐘放砲一聲響傳數里以便較對鐘表

火警鐘

英工部局旁設一木架頂懸大鐘高聳似塔架分五層以梯盤旋而上遇火警先撞亂鐘數十下稍停再以鐘之聲數分地段如美界一聲一停英界在大馬路北二聲一停大馬路南三聲一停法界四聲一停晝則懸旗夜則掛燈以示方向租界禮拜堂亦擊亂鐘相應各處水龍聞聲赴救頗稱迅速

洋水龍

西人水龍製最精法用皮管長數十丈使管尾浸入水中數人鼓動機器能吸水從口出勢如驟雨灑空滂沱四注頓使祝融爲之霽威工部局所製則以火運動機器不煩人力且能及遠

馬車

西人馬車有雙輪四輪者有一馬兩馬者其

式隨意搆造宜雨宜晴各盡其妙近來華人設稅車廠馳驅半日價約洋銀兩餅賈客倡家往往稅坐游行近則沿黃浦繞馬路遠則至徐家滙靜安寺然不及西人車堅馬馴往往失事

脚踏車

車式前後兩輪中嵌坐墊前輪兩旁設鐵條踏鐙一上置扶手橫木一若用時騎坐其中

以兩足踏鐙運轉如飛兩手握橫木使兩臂撑起如挑沙袋走索之狀不致傾跌快若馬車然非習練兩三月不能純熟究竟費力近不多見

東洋車

東洋車雙輪旁轉前支兩木繫一小横木一人挽而曳之人以價廉隨地僱坐然疾走須防脫輪婦女乘坐亦有從後竊取首飾者

小車

小車獨輪在中兩木在後一人推之通行已六七載坐人運貨輕便特甚價更廉於東洋車然推物遠颺往往不免車後安置物件宜防串竊馬路定例往車向左來車向右不容紊亂即空車停歇亦有定處東洋車亦然

灑水車

車上駕方木櫃可儲水數十擔櫃後橫鐵管

一偏鑿細孔其管上通水櫃內設樞紐用時以索掣開水即從管孔噴出勢如驟雨驪馬疾行約可灑半里許眞撲去俗塵三斗也

垃圾車

馬車上駕大木櫃隨行夫役數名每日兩次掃除街道

滬游雜記卷一

葛氏嘯園藏板

滬游雜記卷二目錄

仙人看香頭　流坁

拆梢黨豆腐黨　放白鴿

姘頭搭腳　臺基

白螞蟻　女薦頭

野雞　挑水夫

車夫　籮積

掉包　剪綹白撞

轎行　舢板

外國秤尺　各貨聚市

公估局　滙劃莊票

豆規平色　拆息貼新貼現

拚賣即叫貨　掮客

京貨　洋廣貨物

花布　寶珍膏

痧藥　針線機器

各式機器　外國酒店

自來風扇　城中食水

荷蘭水檸檬水　水蜜桃

羊城瓜果　外國藥材

滬游雜記卷二

武林葛元煦理齋

書畫家

上海爲商賈之區畸人墨客往往萃集於此書畫家來游求教者每苦戶限欲折不得不收潤筆其最著者書家如吳鞠潭（淦）湯壎伯（經常）畫家如張子祥（熊）胡公壽（遠）任伯年（頤）楊伯潤（璐）朱夢廬（偁）諸君潤筆皆有仿帖以

觀雍乾時之津門袁浦建業維揚局面雖微有不同風氣所趨莫能相挽要不失風雅本色云

牋扇

牋扇舖製備五色牋紙楹聯各式時樣紈摺扇顏料耿絹雕刻代乞時人書畫洋揚以古香室縵雲閣麗華堂錦潤堂為最城內以得月樓飛雲閣老同春為佳

照相

西人以藥水玻璃夾入橫木匣內匣面嵌小凹鏡對人攝影于玻璃上取出以沙水沖洗即見人面神氣部位無不逼肖復以藥水製就紙片覆於玻璃上微照日色則面貌衣痕陳設物件現出紙上傳以顏色勝似寫真近日華人得其傳購藥水器具開設照相樓延及各省惟兩旁有黑暈一沾潮濕色便晦黯

斯爲缺陷以此法照各種字帖收縮較蠅頭尤小將顯微鏡觀之絲毫不差

油畫

粵人效西洋畫法以五彩油畫山水人物或半截小影面長六七寸神采儼然且可經久惜少書卷氣耳

時式衣履

洋涇濱一隅五方雜處服色隨時更易自京

班來滬一時官商士庶强半京裝其甚者男則寬衣大袖學優伶女則靚妝倩服效妓家相習成風恬不爲怪上海初不知二黃調今則市井兒童亦能信口成腔風氣移人一至於此

提金爐

滬上提金爐之設不及兩載始於東洋其法設爐竈用鑵四十八口每鑵一寶以外國藥

水同煎成粉每寶約可提次色金二三錢解去藥水仍還銀質然藥水辛工開支甚鉅製不如法往往得不償失故開鑪者强半折本閉歇居多

電報

西人以藥物製銅線能發電氣曰電線緜長萬里傳遞信息數刻可達謂之電報其線如達水程裹以象皮周圍將鐵線護之再以膠

漆外塗沈巨浸中陸路則排列大柱線架其
上至遞報之法彼此線尾各置針盤一具列
二十六字母此擊彼應此處針指某字母彼
處亦指某字母由字母配合數目號碼一號
配一字共六千八百九十九號配六千八百
九十九字列成一書曰電報新書所報皆號
碼有書即可檢查行棧家有秘密信可將號
數暗訂兩地心照謂之金匙開鎖則局外人

不知作何語矣

搭輪船

輪船放洋日期各行門首先期懸牌搭客發行李以黃昏爲止長江輪船次日黎明開行亦有夜半卽行者行李上船擁擠異常小竊混跡其中甚有衣履鮮麗假覓友爲名乘機攫取物件者沿途各埠停輪搭客尤宜防範有稅貨物不宜私帶稅關查出卽行充公甯

波海關檢查尤嚴長江碼頭除鎮江九江漢
口外皆用洋划子載客遇雨遇夜愼防失足

外國訟師

外國人涉訟兩造均請訟師上堂彼此爭辯
理屈者則俯首無辭然後官爲斷結如中外
涉訟華人亦請外國訟師小事在會審公堂
大事在外國按察司處審理訟師之名中國
所禁外國反信而用之亦可見立法不同矣

巡捕

工部局所設巡捕半爲西人半爲華人華人由有業者具保承充衣有中西號數左右圓圈內有中西號碼使人易識晝則分段查街夜則腰懸暗燈西捕掛刀華捕執棒通宵巡緝故洋場盜賊潛蹤市肆安謐遇小竊獲案次日解送會審公廨訊究

包打聽

包打聽爲巡捕耳目係工部局僱用者專採各事如失竊剪綹等案亦任查緝職司刺探而衣裳華麗緣其辛工亦豐厚焉

康白度買辦

華人在洋行司理帳目貨物總管雜務有康白度買辦名目康白度亦曰江北大亦曰糠擺渡皆繙譯西音字義莫解

細崽

洋人用華人使喚謂之細崽粵人多而甯人次之大率皆青年韶秀者當之衣服潔淨趨事惟謹

露天通事

洋船水手登岸人地生疎有曾習西語無業之人沿江守候跟隨指引遇有買賣則代論價值于中取利因衣多露肘無室無家故以露天通事名之若輩自爲一業有三十六人

之例如多一人必致爭毆

仙人看香頭

有婦女自號仙人者小家眷屬恒信之如患病則延仙人至家焚香視烟所指知冤孽有無以决吉凶謂之看香頭亦有卬冥間及前生事則附仙人身打官話指示者爲老爺作鄉談囑咐者爲亡靈詢其老爺爲誰則本邑城隍也

流氓

滬上爲通商總集五方雜處凡無業遊民遇事生風者人目爲流氓按氓或作蝱字典註嚙人飛蟲其義近似

拆梢黨豆腐黨

滬上無業游民串詐鄉民孤客或乘機局騙或無債索償遇者受其欺淩旁人莫辨眞僞謂之拆梢黨城中又有豆腐黨係失業豆腐

店夥成羣作惡屢經巡防局懲治此風稍戢

放白鴿

豢鴿而放必裹同類歸來獲利數倍近有以人爲鴿者如來歷不明之年輕婦女或售賣自身或願入人室不匝月閒非捲資遁歸即誣控拐逃使買主人財兩空謂之放白鴿

姘頭搭脚

字典載姘音怦男女私合曰姘滬上野鴛鴦

成羣逐隊其事始於娼家僕婦男女相悅入遂目之曰姘頭姘頭再有外遇娘姨私交客人則謂之搭腳相習成風幾有人盡夫也之意甚至背夫棄妻口角輕生等案層見疊出雖經歷任邑侯出示嚴禁其如此風終不能息殊堪浩嘆

臺基

設臺基而借與人從中得利此滬上風俗之

大壞者也初則城內外皆有之大率引誘良家婦女來家與人苟合謂之借臺基疊經歷任邑尊重懲或遊六門或毀房屋近來城內此風漸少而洋涇浜之西地稍僻靜藏垢納汙指不勝屈殊令人髮指焉

白螞蟻

白螞蟻專指人家房屋上洋有等婦女經手買良爲賤設計圖財窩藏拐騙最易壞人名

節其術雖異用意則同人亦目爲白螞蟻云

女薦頭

僱用女僕必由女薦頭處喚來大約無錫鄉間蕩口鎮人最多男僕亦然洋場工錢倍於城中若輩詐詭百出銀洋首飾要件仍當親自收藏倘遇偷竊逃亡薦頭置若罔聞追賠無及徒費唇舌而已

野雞

有無業遊民持扁擔繩索立十字街口爲人挑行李稍一疏忽即至遠颺俗名野雞近來小車盛行野雞之肩挑者較少惟輪船碼頭尚有此輩俟舟傍岸即將行李亂拖問力錢若干不答挑及中途則多方挾制雖數里之遙一肩之物索價至數百文向惟行李下船可僱小車今則上岸亦可與小車矣價值較廉復能任重勝野雞萬萬或猝遇野雞要當

隨處留心言明挑值庶不受需索之患耳

挑水夫

滬上不飲井水潮至擔水者絡繹於道橫衝直撞稍不避讓即受欺辱橫不可言

車夫

上洋車夫無行無保推車非素習且多不識路徑坐者慎防馬車衝突小車易避東洋車宜留意車價雖廉必先言明庶免臨時勒索

每見爭論價值遇巡捕不論曲直拉入捕房
惟在坐車者自重耳

籮槓

籮槓者各行棧扛運貨物之夫役也賃屋聚處易於僱喚近二擺渡河一帶皆有之遇船隻抵岸攬挑行李不准僱車索價最昂若不言明甚至兩人扛一箱一人擕一物到時多方需索不遂不休非比南市行棧各有定價

也工部局以霸佔地方曾出示嚴禁凡搬運行李車載肩挑本隨客便若輩亦不過欺生而已

掉包

掉包者皆託跡市廛遇入肆購物者見其包裹銀洋置櫃上則視其手巾之花樣照式包藏瓦礫納袖中亦入肆購物乘閒將巾包掉去無從追捕

剪綹白撞

上海剪綹極多平日在大東門內大街小東門新北門外沿河一帶及戲館門首每逢香市會期西人跑馬之日咸託足其中稍一疏忽佩掛等件即被竊去其手段少次者則身披棉夾短襖挨入人叢手從衣下出探取物件若白撞更難防範彩履翩翩直入行棧及住宅遇人詭稱覓友或稱買物乘間竊取者

甚多

轎行

上海僱轎隨處皆有轎行脚價甚昂一永日非千文不可自東洋車盛行大爲減色向之千文者今則六七百文轎夫以蘇州無錫人爲佳上身不動坐者安穩其次揚州人不過脚步稍緩若本地人擡轎則一路顛簸轎中人渾如醉漢矣

舢板

舢板即沿浦灘擺渡小船也閩潮人業此者多一艕在左一人獨搖小蓬遮蔽雨日祇能載客兩三人如行數里之遙須講定船價否則半途停艕勒索異鄉孤客清晨深夜斷不可僱坐也

外國秤尺

英國一磅即中國十二兩　一因制即中國

尺七分零九毫二絲　一幅地即中國八寸五分一釐　一碼即中國二尺五寸五分三釐

法國一吉羅葛稜麽即中國二十四兩七錢九分四釐　一葛稜麽即中國二分四釐七毫八絲　一邁當即中國三尺八寸一分七釐　一桑的邁當即中國二分八釐一毫七絲　一蜜理邁當即中國二釐八毫一絲七

忽

布國一唪吰郎中國十三兩零三分八釐　一嗶吰郎中國一兩三錢零三釐八毫　一咕嚒吰郎中國一錢三分零三毫八絲　一咜吰郎中國一分三釐零三絲八忽　一呋嘶郎中國八寸八分四釐二毫　一咋哩郎中國八分八釐四毫二絲　一因制郎中國七分二釐八毫較英國因制多一釐八毫八絲

各貨聚市

上海貨物皆有聚市之所如綢緞在拋球場路南及東門內外　紗緞蟒袍在盆湯衖絲茶棧居二擺渡者多　洋布呢羽在大馬路拋球場及東門內　衣莊在大東門內彩衣街東街　洋廣雜貨在棋盤街及西馬路

古玩玉器在新北門內　眼鏡在新北門內　照相樓在二三馬路　錢業南市在大

東門外北市在二擺渡一帶　人葠藥材在東門外鹹瓜街　糖行在洋行街　帽舖在二馬路中及彩衣街　箋扇在外國墳左近及廟園　筆店在小東門內及廟園東興聖街　書坊在城中四牌樓舊教場城外二三馬路　棉花在東門外一帶　米業大東門外大碼頭大街　木器在紫來街　舊木器在新北門外沿河城腳　竹器大東門外篾

竹街　酒館戲館茶館寶善街一帶居多

冰鮮小東門碼頭　信局南市鹹瓜街北市二馬路　稅馬車南在小東門外北在大新街郎石路西首　僱內河船北在老閘大橋河下南在大東門外碼頭

公估局

公估局南北市各一係錢業公設估看元寶及紋銀成色者申色扣水必向公估批定盖

印方能易換凡南市已估批者至北市仍須再批易地皆然

滙劃莊票

上海百貨交易惟憑滙劃錢莊票定例期票不出十日一經照票加戳即與現銀無異市中通用元寶英洋兩項欲覓十數枚本洋十數兩碎銀恒不易得南北市滙劃錢莊不過百餘家若票非滙劃莊所出生客買貨竟難

作用也

豆規平色

上海通用九八豆規元銀有其名而無其實如二一六寶庫平銀百兩合規銀一百零九兩六錢漕平百兩合規銀一百零七兩六錢零規平較京平略小交易往還全歸規平一律申算

插息貼新貼現

春夏之交絲茶當令滬市銀洋載往內地按日銀洋插息漲落不一常年使用老板英洋本有貼新丙子夏又增貼現名目貼新今改貼滙

拍賣即叫貨

丙子春間華人亦仿外國拍賣物件先期懸牌定於何日幾點鐘是日先懸外國旗屆時一人搖鈴號召拍賣者高立櫃上手持物件合看客出價彼此增價爭買直至無人再加

拍賣者以小木搥拍桌一聲爲定賣與加價最後之客一經拍定不能翻悔

掮客

掮客虛立字號遇華洋貿易掮貨與客看定議價可以主客兩不照面須加意提防往往有貨式與原樣不符或銀貨兩不清交因致涉訟者甚多

京貨

滬俗裝束競尚京式棊盤街寶善街新開京貨舖四五家所售皆內城靴鞋雕翎扇各式時新繡貨擺件要貨無不咸備

洋廣貨物

西人所開洋貨行以亨達利爲最著專售時辰寒暑風雨各式鐘表簫鼓絲絃八音琴鳥音匣顯微鏡救命肚帶及一切要貨名目甚繁至華人所開則以悅生全亨爲翹楚洋廣

各貨俱備此外大小各舖南北市亦不下百十家

花布

松滬土產以棉花爲大宗村莊婦女咸織小布爲養贍計每日黎明鄉人擔花挈布入市投行售賣者踵相接也交冬棉花尤盛行棧收買堆積如山

寶珍膏

小南門外姜氏藥店所製寶珍膏名馳各省銷路極廣店有新舊之分布有紅藍之別在本地不甚珍重而遠處頗驗俗稱藥物爲離鄉草愈遠愈佳理或然歟

痧藥

上海痧藥店庚申後始有長安朱德生堂鳳記繼則杭州誠一堂芝記均開設北市南畫錦里鳳記馳名有年芝記貨亦斟酌其林方

戒烟丸參茸斷引丸尤爲效驗蓋獼藥救治急症爭生死於頃刻之間全仗麝香之力但香價極昂若分兩少配恐未必起死回生耳

針線機器

器僅尺許可置几案上上有銅盤銜針一下置鐵輪以足蹴木板輪自轉旋將布帛置其上針能引線上下穿過細針密縷頃刻告成可抵女紅十人然祇可縫邊不能別用

各式機器

西人以機器製百物一日可抵十人或數十人工作如開河挖煤打樁造輪舟印書籍取水織布針線篩茶調茶等事無一非機器所爲然其器雖巧費用浩繁窮鄉僻壤殊難置備蓋西國地曠人稀故製造必藉物力中華地廣人稠民皆自食其力不煩機器亦勢所必然不能强也

外國酒店

外國酒店多在法租界禮拜六午後禮拜日西人沽飲名目貴賤不一或洋銀三枚一瓶或洋銀一枚三瓶店中如波斯藏陳設晶瑩洋婦當罏仿佛文君嗣響亦西人取樂之一端云

外國茶館

外國茶館爲西人議會之所開設外虹口等

處拋球打牌皆可隨意爲之大餐必集數人先期預定每人洋銀三枚便食隨時不拘人數每人洋銀一枚酒價皆另給大餐食品多取專味以燒羊肉各色點心爲佳華人閒亦往食焉

酒館

天津酒館自同興同新兩樓旣閉惟慶興樓最著新新樓復興園爲金陵館之翹楚甯波

館雖多皆自檜以下鴻運益慶差堪比數泰和館爲滬人所開菜兼南北座擁嬋娟特爲繁盛津館圓碟點心不列帳統歸堂彩金陵館叫局堂彩非一元即八角故慶興泰和兩館出局較多

附各館著名食品

慶興樓　燒鴨　紅燒魚翅　紅燒雜拌

扒海參　蝦子豆腐　溜黃菜　湯泡

肚　各式餑餑　溜魚片　米粉肉

新新樓　清湯魚翅　南腿　煮麪筋

春蔬　蒸蛋糕　紹興酒　燒鴨羹

小燒鴨

復新園　清湯魚翅　清蒸鮮魚　炒鴿

鬆　徽州肉圓　雙拼冷葷　果羹

肝片湯

泰和館　燒鴨　湯泡肚　鯖魚捲　清

湯廣肚　炸八塊　餑餑　排骨　炒
鱔魚絲
鴻運樓　黃魚羹　蚶羹　炒鱔背　生
炒甲魚　燒鴨　炸紫蓋
益慶樓　黃魚羹　蛤蜊羹　炒鱔背
蝦腦豆腐　小火方　紅燒甲魚

茶館

同治初大馬路紅棚外有一洞天三茅閣橋

沿河有麗水臺皆傑閣三層樓宇軒敞一洞天已閉歇麗水臺改尋常樓屋惟松風閣以茶勝寶善園以地勝大馬路之一壺春寶善街之渭園桂芳閣均極熱鬧城中廟園茶肆十居其五惟湖心亭最佳高閣迎風疎窗映水塵俗中未嘗無清涼境界也

烟館

上海烟館甲于天下鋪設雅潔茗碗燈盤無

不精巧眠雲閣其最著也窗牖掛落雕鏤極工他如南誠信北誠信以軒廠勝醉樂居永恒昌以酒肴兩便勝館內桌椅多用紅木鑲嵌石面飛去青蚨一二百片既可邀朋又能過癮午夜兩市竟同潮汐依時而來人氣烟香迷濛似霧無烟霞癖者恐不能消受片時也

廣東茶館

廣東茶館向開虹口丙子春棊盤街北新開同芳茶居樓雖不寬飾以金碧器皿咸備兼賣茶食糖果侵晨魚生粥餉午蒸熟粉麪各色佳點入夜蓮子羹杏仁酪視他處別具風味

青樓二十六則

長三　亦名住家加茶碗及酒住夜皆洋三元爲長三　么二　亦名私局叫乾濕洋一

元戲酒任夜皆洋二元爲么二　二三　叫局洋二元出局洋三元以么二排場收長三身價游客不至遂絕　本家　開妓館者之稱　父兄　買良爲娼者自名爲父兄稍拂其意酷虐備至人故以務囚二字解之　先生小姐　女唱書稱先生妓女稱小姐做花鼓戲者亦稱先生　相幫　妓家男僕之稱　娘姨大音度姐　妓家女僕有夫者爲娘

姨未嫁者爲大姐　加茶碗　客選中某妓以加茶碗爲訂交亦曰攀相好　叫局出局　看戲飲酒書小紅紙傳妓曰叫局妓應教曰出局　燒路頭　路頭者五路財神也妓家遇祖師誕日及年節喜慶事或打唱或宣卷曰燒路頭是日促客擺酒爲路頭酒　上先生　酒筵將半與司絃笛鼓板以佐妓唱謂之上先生　下脚　擺酒犒賞先生相帮

娘姨四元及遇事賞號逢節禮力多寡不等皆日下腳　帶音當去聲打　妓女入夥向本家支洋添置衣飾去時歸還名曰帶當　開果盤　元旦至元宵獻九子盒客人犒賞謂之開果盤　臺面　請客叫局全席謂之擺臺面房中半席謂之吃便飯粵妓稱爲消夜叫乾濕　獻瓜子水果各一碟亦名上局惟么二有之　小貨　妓女向客索錢私入己

豪日小貨　漂帳　客不歸局錢之謂　書
場　聽女唱書之所晝爲日檔夕爲夜檔
開篇　場中未開書先唱虞調爲開篇　虞
調馬調　虞調係琵琶曲子由來已久細靜
而文引人入勝馬調惟唱書用此同治初馬
如飛所創調無餘韻彷彿說白　堂唱　喚
女唱書爲叫堂唱至其家聽唱爲聽堂唱
花烟間　夜間門懸小玻璃燈爲招客暗號

吸烟每盒百文住夜洋一元人地不潔最易
染毒

女堂倌　淸烟館所僱遞烟茶手巾
兼收烟錢者今禁絕

鹹水妹老舉　粵妓
寄居滬地者招接洋人爲鹹水妹應酬華人
爲老舉簪珥衣飾皆有分別

盆湯

租界盆湯以盆湯衖之暢園紫來街之亦園
爲最久星園繼之官座陳設華麗桌椅皆紅

木嵌湖石近增春園怡園密房曲室幽雅宜人堂內兼有薙髮剔脚等人官盆每浴錢七十文客盆錢三十五文處此五濁世界不可不藉以滌洗也

戲園

文班唱崑曲皆姑蘇大章大雅兩班所演始於同治二年自徽班登場而文班減色京班出而徽班皆唱二黃遞來京班以丹桂茶園

金桂軒爲最金桂武戲較勝文班惟三雅園皆吳下舊伶惜知音鮮矣其次富春茶園脚色有大小天仙茶園京徽合演此外丹鳳園同樂園亦以徽調間京腔尚有帽兒戲花鼓戲早奉查禁至廣東戲音調僅分男女無生旦淨丑之別所演小說居多刀斧悉畫五彩兩次來滬看客無多停止數年丙子七月復來瑤仙玉班在石路北豐樂園舊基開演收

爲慶樂園十月開仍歸大雅班開演崑戲矣

外國戲園

園式頂圓如球上列煤氣燈如菊花式火光四射朗澈如晝臺三面環以看樓演時先有十數人排坐臺上面深黑眼眶及唇抹以丹砂或說白或清唱數次然後扮演各種故事以跳躑合拍爲長技與中國迥別

外國馬戲

西人馬戲以大幕爲幄高八九丈廣蔽數畝中闢馬場其形如球環列客座內奏西樂樂作一人揚鞭導馬入繞場三匝環走如飛呵之立止復揚鞭作西語馬以兩前足盤旋行後足交互如鐵練狀旋以手帕埋泥中使馬尋覓馬即啣帕出場內又設一桌一杯內注以酒搖銅鈴一聲馬屈後足作人坐以前足據案啣杯而飲少閒一西女牽一馬錦鞍無

鐙女則窄衣短袖躍登其上疾馳如矢女在馬上作蹴踏跳躑諸戲有時翹一足爲商羊舞或側身倒掛似欲傾跌者復使人張布立馬前馬從布下馳女起躍仍立馬上三躍三過不爽分寸又一西人錦衣馳馬矯健作勢與女畧同使人執巨圈特立馬自圈下馳過人則出圈內躍登馬上自一圈至六圈輕捷異常其餘諸戲備諸變態絶跡飛行誠令人

目不及瞬口不能狀也

外國戲術

西人戲術以瓦納所演爲最奇大約善用電氣兼驅使搬運之法或以鼓懸空相離丈餘將槌虛擊鼓即應聲而響使座客遙擊亦然又以小匣置客座借客洋蚨數枚藏匣內臺中設玻璃盞一術師持小棒念咒指匣若令匣中之洋飛入盞內者少頃則見空中有洋

隨棒所指或疾或徐逐次入盞內鏗然有聲
令客啟匣則空所有矣又臺中設小插屏罩
以袱索看客掛表五六枚裹手帕令其徒攜
之忽散擲于地瓦納頓足怨詈旋用粗管小
手鎗一桿將地上之表盡納鎗內用通條亂
搗上加火藥向小屏轟擊其袱隨聲而落諸
客之表分掛屏上逐一取還毫不舛錯又將
紙牌數十張令十餘客皆抽一張各人暗認

花樣仍收回亂疊數次以紙裹之塞大玻璃瓶口術師以棒指牌念咒各客抽過之牌逐張自能推出挨客詢對無差又手捧一冠作撒空狀即有紙裹洋糖隨撒而至遍餉座客其餘諸術倏忽變幻不能備述也

外國影戲

西人影戲臺前張白布大幔一以水濕之中藏燈匣匣面置洋畫更番疊換光射布上則

山水樹木樓閣人物鳥獸蟲魚光怪陸離諸狀畢現其最動目者爲洋房被火帆船遇風被火者初則星星繼而大熾終至燎原錯落離奇不可思議遇風者但覺颱颶撼地波濤掀天浪湧船顛駭人心目他如泰西各國爭戰事及諸名勝均有圖畫恍疑身歷其境頗有可觀

東洋戲法

滬北近多東洋戲大抵以緣繩踏竿爲長技與中國彷彿惟三四齡童子著木屐手持一傘行鐵線上時作傾跌跳躑狀又有一人仰卧臺上以雙足承巨鼓盤旋如飛或疊置十數鼓累而不墜爲最奇日本人呼爲股技

焰火

乙亥冬有粤人來滬製法相埒惟引火離二三丈許放一流星直射藥線較爲奇妙故放

焰火之夕戲園看客輒倍平時徽州焰火大徑五尺許形圓似盒戲園中新正以繩懸臺中施放人物鳥獸亭臺樓閣變換不窮或花炮數十從盒中出如萬點流星飛滿臺上或以鐵絲作一品當朝指日高陞等空心字蘸以硫黃燒酒燃成綠字洵鉅觀也

粵東珍禽

粵東各種珍禽閒有載到上海寄售者如鸚

鵡聞香倒掛葵花鳥秦吉了珍珠鳥火雞孔雀之類東洋則有白燕小種雞大如鵪鶉雄者尾豎冠昂彩色耀目徇屬可愛更有西洋各種小翠雀洋鴨水鳥洋行中以鐵線大網併小樹罩入任其飛鳴宿食以備賞玩亦易豢養

長人矮人

詹伍者安徽歙縣人也軀幹雄偉約長六尺

餘以墨工世其家旅居滬上無過而問者獨西人視爲奇貨挈之遊歐洲諸國滿載而歸又西國矮人高三尺許妻稍長一二寸國主與以小車小馬使遍遊各國同治間曾至滬上演劇於石路金桂軒傀儡登場觀者如堵若二人者眞可謂以身發財者矣

鬬鵪鶉

滬人霜降後喜鬬鵪鶉畜養者以繡囊懸胸

前美其名曰冬與將軍鬪時貼標頭分籌馬每鬪一次謂之一圈按無班爲鴿有班爲鶉形狀相似多產滬上田間

白鴿票發財票

別發洋行望益紙館皆有呂宋白鴿票寄售一票洋六元票以號數爲憑頭彩得洋一萬六千元其次遞減開屆時先設二大櫃藏紙捲一爲號數一爲彩之多寡有無令人分櫃

摸紙捲同時並掣喝報以定贏輸得彩電線報信從前寓滬西人亦有做此法者名發財票粵人之白鴿票以千字文八十字刊小票作據先期密封二十字懸樑開出銀三分隨意點十字能合所封中五字以上者得彩十字全中彩銀百兩並有點十數字者畫圖計算最易朦混凡得彩皆扣一成半費用今發財票粵白鴿票皆禁

火輪車路

二擺渡河北岸爲美國租界直達吳淞四十里江灣居其中光緒元年西人買馬路一條二年築爲火輪車路旁圍竹籬中以五尺許方木橫排相離二尺許上釘鐵條二連接不斷車用四輪輪邊中空外實銜鐵條以行不致旁越火車一輛帶坐車八九輛每輛約坐三十八行時風馳電掣瞬息往回較輪舟尤

速聞外洋火輪車搭載貨客大且加倍此特小者仿製以資游玩耳夏初試行旬餘祇在江灣二擺渡往來旋即停止今爲中國買歸給西人有限公司行駛一年以丙子十月十六日爲始周年後或行或廢臨期再行酌議焉

呂宋烟

呂宋烟以紅綠茶葉末拌藏年久者佳新則

味劣損人元氣近年華人亦多吸食者西人食品皆牛羊雞魚厚膩之物非此不能消導故食後以口徐徐吸之消除積滯此烟藏十年以上治牙痛最驗如不能吸以灰少許搽齒上亦愈

雕翎扇

自蜀漢諸葛武侯苻秦王猛有羽扇之製後人乃以鵞毛爲之或白或黑價值不貴近自

京師行來雕翎扇每柄價可貫至二三十元即尋常之品亦須六七元不等柄用象牙他柄不足尚也始惟少年子弟用之近則妓女亦復盛行齊紈摺疊不能專美焉

書畫燈

燈名懸火古以珠以紗今以玻璃牛角尚矣近習皆嫌其俗因用素絹乞名人書畫以四盞爲一堂每堂價十數元或用湘竹爲邊更

覺雅緻而價亦較貴焉

百靈檯

近日妓家陳設精致房中置小圓几列水果其上以供客名百靈檯初不解其義後詢知蓄百靈鳥者籠中必置小圓檯此檯形式既圓又設於房中儼似百靈之籠故名亦象形之義也

菊花山

時逢九月所有次等勾闌名么二者年例必堆菊花山請客筵宴山以藍色紙爲之高高下下千枝萬朵燈下觀之照耀眼目先期鴇母責諸姬以酒諸姬乃丐之客人或一二席或二三席多者亦有十數席喧闐數日酒闌而菊亦萎矣

煤氣燈

煤氣燈英租界製於新閘法租界製於八仙

橋法用鐵室一爇煤其中使氣下達地中埋粗鐵筒貫通各處千條萬派縣長六七里如設燈則以小管通之管口刺數小孔以透煤氣其氣得火晝夜不息近管口處有機紐旋轉隨時啟閉初設僅有路燈繼卽行棧舖面茶酒戲館以及住屋無不用之火樹銀花光同白晝滬上眞不夜之天也

火油燈

火油燈製法甚精以白玻璃爲罩光燭一室近出一種不用燈心火光四射與煤氣燈無異不過以油代氣其油即地中煤氣管所出者因其氣少惡故多不用

千人震

千人震製自外洋僅一小木匣內藏電氣機器兩頭有繩繫銅管人以左右手各握一管匣中機器撥動電氣度入身體筋絡震動即

徧身痿麻放手後則血脈舒暢以之治風氣最佳又或數人或數十人團立此左手握彼右手牽連不斷首尾兩人所剩空手各握銅管則人人筋絡無不震動一氣相生之理於此可證

救命肚帶氣褥氣墊

救命肚帶爲航海者救急之物也以皮爲之中實以氣繫在腰間入水不沉可待人援救

嘗見舟中小孩往往身懸葫蘆其取意似之
又有氣褥氣墊爲夏時坐臥之物小者以口
納氣大者用機器鼓氣貫入緜軟異常
百蟲掛屏
粵人以五彩蝴蝶暨各色金翠蟲豸粘於掛
屏覆以玻璃藉備觀玩惜易蠹蝕未能久懸
玻璃器皿
粵人在滬專收舊碎玻璃入爐融化如法製

成各式燈罩器皿精瑩奪目所不及者洋料較細潔耳年來貨此者有三四家零售發客門庭如市

古玩

古玩鋪兵燹後搜羅甚富金陵人業此居多市在新北門内大街列肆陳設如磁銅玉石珠寶字畫品目不一價值鉅萬丙子八月祝融肆虐延燬十餘家珍寶奇玩半歸委燼失

散者又十之二三深爲可惜

籐器

粤人製各種籐器頗稱輕便所作臥榻尤適人意滬市隨時編造價不甚昂

自來風扇

外洋所製自來風扇以法條運輪齒鼓動摺扇不煩人力置諸案頭微風習習最可人意惜爲時不久法條一轉不及一刻耳

城中食水

滬城內河渠淺狹比戶皆乘潮來汲水而食潮退腥穢異常故飲者易生疾病初至之人尤覺不服即鑿井而飲水味亦不甘美滬中官商曾議倣西洋法設機器鐵管引江水灌注城內四隅以濟民食後以費鉅不果

嗬囒水檸檬水

夏令有嗬囒水檸檬水係以機器貫水與氣

入瓶中開時其塞爆出愼防彈中面目隨倒隨飲可解散暑氣體虛人不宜常飲

水蜜桃

水蜜桃產西城黃泥牆者爲最實大頂平多漿味甜美入口輒化因名色淺白綴以淡紅暈俗名鵝毛圈惜未熟全摘反不及城外所產儘有極大而佳者清明後閒步西郊列樹成行紅霞燦目不減武陵源風景也

羊城瓜果

輪舟由粵至滬僅五六日耳羊城土暖瓜果早熟輪舟載運極便滬市正月見黃瓜四月見西瓜鮮果如荔枝龍眼黃皮果杧果香蕉羊桃波羅蜜椰子柑子等莫不先時而來若北地蘋婆果雪梨葡萄閩中青果福橘甘蔗秋冬閒棡載入市則高如山阜焉

外國藥材

外國藥材治洋人則驗治華人則否以人生體質不同耳中華名醫方論等書汗牛充棟總之醫北人之藥不能施諸南人蓋氣質有強弱藥性有緩烈也洋人稟氣較異非藥性猛烈不能愈病惟外科各症華人間有就西法治者內症則不敢嘗試矣

滬游雜記卷二

葛氏嘯園藏板

滬游雜記卷三目錄

棋盤街　寶善街

盆湯衖　司徒廟

領事公館　會審公堂

鐵廠　招商局

教堂　格致書院

申報館　機器印書局

工部局　保險公司

外國墳　跑馬場

本家　帶當
漂帳　娘姨
京式衣裳　黄浦灘
滬游瑣事詞　調寄蝶戀花　半禪居士
戲館　女優
花鼓　書場
茶會　烟盤
擺酒　留宿

滬游雜記卷三

武林葛元煦理齋

洋涇浜序

西泠漱華子

海天富艷景物饒人花月淸陰春光醉我香迷十里爰開歌舞之場麗闘六朝敢續烟花之記則有地名北里美集西方花燦堆銀天眞不夜火齊列樹星有長明楊柳簾櫳送出笙歌一派枇杷門巷圍來粉黛三千或步軟

繡而尋芳尋芳里或聽鈞韶而同慶同慶里水邊多麗麗水臺排翡翠之香樓桂下廎馨桂馨里搆蟾蜍之暖窟百花里啟雙秀堂開兆添富貴榮華常駐香車寶馬錦畫東西南北偏多翠羽明珠兆富兆貴及東畫錦西畫錦等皆里名教坊俱聚於此松風吹絃管之聲松風閣桐月麗妖嬈之色桐月樓吳絳仙之冷艷黃菊經霜吳素卿鞠部其選也以下都一時名妹謝小娥之嬌憨綠芙出水謝寶琴仙渡銀河之鵲

李巧仙娥分白玉之蟾吳月娥萬縷回文蘭言錦
織沈文蘭一枝金粟桂殿香分金桂林朱粉不施
冠花枝於南部宋南宮翠鬟淡掃遲琴韻於西
樓翠琴本月闕之仙人塵間小謫月仙是雲中之
彩色天上飛來彩雲杜蘭香丰韻娉婷張韻蘭袁
寶兒秀姿嫵媚蔡寶秀解漢皐之佩卿意云何
佩卿賦洛水之仙雅人深致雅仙鵝綾十幅全描
錦字於環中十全鸞鏡雙窺喜並情郎於影裏

雙喜文皆爭寶兩稱蘇小芳名諸文寶周文愛寶一時齊名祇爲卿顧向君下廣覓沈愛卿黃愛卿小愛卿名此者甚多要皆具可餐之秀色兼絕世之英姿秀英杏白梨紅闕心細認荷珠蘭玉過口猶香而且花既含嬌葉還競媚泥中小妹慣逝蜂蝶之褰修簾底妖姬竊學鴛鴦之野偶瓊漿一盞便嫁雲英玉宇三椽即留阮籍作離作合空談朝暮之期予取予求不記氤氳之簿心豈同夫

梔子頭偶並夫蓮花祇須十五嫁王昌無俟三年窺宋玉也若夫曲艷霓裳歌翻玉樹記廣寒之舊譜度金縷之新腔本爲桂府傳來桂看列四（金桂丹桂攀桂同桂皆戲館名）聽到雅音迭奏雅可成三（三雅園）翠繞珠圍一紙下紅粧之牒烟斜霧散滿庭流春海之芳（滿庭芳亦戲園名）管則急而絃則繁樂府新來北地婉以柔而淸以越吳歌總説西崑寺啟金山圖開鐵冠（金山寺鐵冠圖）

（以下皆戲名）黑沙洞裏鬼幟神旗（黑沙洞）青石山前雨師風伯（青石山）淮安府虎狼競鬧（淮安府）趙家樓蝴蝶尋花（趙家樓）金鳳描來（描金鳳）白蛇傳出（白蛇傳）樓中結蜃寶光騰海氣之精（蜃中樓）閣下迴龍仙仗煥朝儀之彩（迴龍閣）冠裳入座豔奪紅菱（紅菱豔）巾幗登場釵橫紫玉（紫玉釵）莫不炙燕鶯之脆舌瀉珠玉之歌喉他如鼓擊花奴絲牽木偶（花鼓戲　牽絲戲）現諸天之魔舞宣大地之

音聲有館皆歌無衖不繡別有廚非香積市等長安金斗十千吳姬勸酒玉盤百品易牙調羹豹舌熊膰何止膾𦚢厭細玉杯象箸果然器必求精同興則簾捲水晶樓同興益慶則窗橫雲母樓益慶味擅東南之美雅說新樓新新樓羞調西北之珍共推泰館泰和館神仙留玉佩卿相解金貂徇不虛矣至於萬里雲寫其閒情萬里雲一洞天滌其雅抱清泉則春暖烹

茶醉墨則秋高擫笛（清泉樓醉墨林）勝難枚舉國可香稱明知色味馨香回頭是夢爭奈鶯花風月過眼興懷未免有情小誌漚濱之韻事於斯爲盛來添海國之清談

冶游自悔文　　自隄過來人

江城勝事香國佳談孤塚荒郊盡變繁華之地層樓高閣大開歌舞之場爰有麗姝長成樂府淡描螺黛鬭時世之新粧不買燕支現

諸天之色相蝶分裙百鳳小鞋雙薄袖迎風低鬟斂霧顧影而羣花削色舉頭則明月回眸不善猿愁偏工狐媚珠簾繡幕居然富貴之家綠酒紅燈久慣驕奢之習章臺布網雀自投羅慾海垂鈎魚來吞餌則有五陵年少一介書生車馬翩翩衣裳楚楚始則尋花問柳原爲寫意之遊繼而倚翠偎紅漸入迷魂之陣不惜黃金如土聊作纏頭豈知碧海無

涯已傷失足其擺臺面也饌必求精膾毋厭細熊膰豹舌八珍之味堪誇鹿脯雉膏一臠之嘗差可朱櫻含到玉筍拈來一闋玉鉤斜是大菜完時通關偏後雙聲金縷曲正九連環罷十送郎初俄而蠟炬燒殘檀槽聲息傳呼稀飯已如秋燕之將歸相約明朝來聽春鴻之宣卷三千客散十二蚨飛更有公子輿豪不吃路頭之酒娘姨倩急先分下腳之錢

樂何如之情可知矣其叫出局也書傳紅紙入喚青樓更衣則鴇母催粧入席而烏師按笛唱幾句琴挑樓會衆口稱揚敬一遍瓜子松仁抽身便去坐回中轎簾捲蝦鬚跟到外場燈提鴨蛋且喜銅龍漏轉送局人來還嗔鐵馬聲喧跳槽客去洎乎粘花戀草幻蝶方癡逐浪隨波閧鷗漸狎每見雕欄倚玉含笑相將保毋翠被薰香銷魂眞箇芙蓉花底卧

兩兩之鴛鴦豆蔻梢頭巢雙雙之翡翠春宵苦短好夢難長問煖噓寒洵是有情眷屬羞雲怯雨果然無價風光絃外知音鏡中索笑花留客醉月比人圓自憐流水無音已似楊花之墮溷倘是東風有意願隨桃葉以渡江蓮蒂儂心藕絲郎意春花秋月空勞一片相思絮果蘭因爲問三生何事黃昏密約白水邀盟規規乎仙儷之風長生之誓矣無如愛

河易竭慾壑難塡囊內錢空遂使紅顏竊笑牀頭金盡遽遭白眼相加始猶打鴨驚鴛小受風流之譴漸至嗔鶯詈燕頓忘香火之情大姐聲高娘姨色變絕似銀河秋早紈扇先捐非關寶鼎香溫珠簾慵捲幾回催促緩緩纔來數語寒溫姗姗竟去面如冰冷言比鋒尖鸚鵡嗔人鷓鴣逐客枉說情深如許一旦多抛凭教此地重來半文不值此也桃花門

巷猶有撫今追昔之思彼則楊柳簾櫳自得送舊迎新之樂宮移徵換已彈別調琵琶檀板金樽又是誰家筵席贏得心容俱痒爭傳浪子之名可憐內外交摧幾變家人之卦炊烟不起常逢禁火之天逋負安償惱煞重陽之雨癮成鴉片衣類鶉懸冀北誰空江東難返往事已隨流水逝此心惟有落花知君不見眞娘墓側烟鎖荒苔蘇小墳邊雪埋短樹

香銷紅褪千年杜宇之魂雲散風流一覺揚州之夢雖則品評羣玉從來才子情深然而消受名花也要幾生修到雲裳未整本來之面目何如霜鬢旋催老去之皮囊可想花能解語難招潘岳之魂酒可療愁不奠劉伶之塚所以琴心動處休誇同調以求凰遂腳收來好趁中流而轉舵情禪勘破管他臨去秋波色界參開任爾醒來春夢理宜自悟言盡

於斯借抽黃對白之文卻是裘成集腋即較綠量紅之事敢云棒喝當頭

錢莊賦　仿杜牧阿房宮賦體　穆靜齋

各莊集錢行設交易作行情出一開五十餘家再有新人住址南衙而北達直近大橋十年忽忽到於今朝半載一開三載一歇來往辦情專顧利息若逢倒帳存心對折勞勞焉碌碌焉票根帳簿實不知其幾千萬頁出進

兌換不刻何兜孩授迎送不諂何工上落之間不認弟兄花言巧語東家捧捧耀武揚威小夥欺欺一行之內一業之間而良莠不齊趙錢孫李周吳鄭王上下三等均欲開莊老店摩訶新局輝煌耀目熒熒翻洋錢也烏雲擾擾打圖書也黑流漲膩棄墨水也烟陣鬭亂攙小錢也霹靂乍驚串繩斷也歷歷遠聽竟不知其何爲也買進賣出各看俏賤穩坐

安肯而望利焉有大銀拆者一兩五錢早晚之來往前後之經營高低之分明挖出挖進剝削別人堆積如山一旦倒帳有統虧其間餘平貼水破錢銀屑總數捲去莊人視之甚爲可惜嗟乎一日之積千萬日之積也莊有公所人皆聚其中視其交易盡銀洋喊之皆蠶毫數各人之指多於街上之車夫頭上之帽多於池中之烏龜眼睛閃閃多於在天之

星粒進出參差多於巖洞之螞蟻東坐西立
多於戲館之看客京調二黃多於田中之蛙
鼓做買賣之人不見贏而見輸早已存心日
落走路本錢少經手懼同行一忌可憐閉戶
嗚呼作輸贏者輸贏也即莊也開莊者莊也
即東家也嗟乎若輸贏俱可得利則皆可開
莊莊藉輸贏之利則自三年可至百年而勿
關何得而閉歇也莊人不暇自嘆而外人嘆

之外人嘆之而不戒之亦使外人而復嘆外人也

滬北新樂府

味燈室主人

紅風兜

絳雲朶朶飛街頭十人而九紅風兜風兜雖紅鑲以錦捐票官階非極品雖非極品已非小民職方如狗都督走朝廷名器無乃輕況復紅爲婦人女子服非官而紅反嫌辱不嫌

辱威風足贏得乞丐呼老爺鄉愚見之亦瑟縮，

藍呢轎

藍呢轎子疾如風似官非官坐其中轎班前喝氣蓬蓬跟班後追形忽忽玻璃三面窗玲瓏名片大書箋紙紅問渠何事西復東無非出沒烟花叢道旁有客歎撫胸當年肩背勞乃翁爲人擡轎如騰空

靴鞋

靴鞋靴作鞋非靴亦非鞋靴鞋鞋當靴似鞋又似靴靴耶鞋耶二而一蹣蹀滿街誇足捷足捷惟聞橐橐聲直欲踢得神州平鞋之爲義取乎諧君於處世工擠排靴之爲音近乎訛君於作事乖張多乖張多鞋當靴工擠排靴做鞋

金戒指

金戒指月事至示戒乃自宮掖始不信堂堂七尺身忘卻鬚眉效女子爍然指上誇多金相君之指眞富人當筵拇戰鬪若蘭據案作字難屈伸勸君此後莫作字有貝無貝本兩事能作字者無戒指

洋烟害仿李太白蜀道難體　小池

噫吁嚱危乎殆哉洋烟之害害人若投淵一盞幽冥燈相對何怡然邇來一十又八省不

徒遍地皆洋烟南當閩廣爲尤甚人人嗜此如狂顛吞雲吐霧壯心滅況乃閨房習染相勾連中有嵌鑲斗架之高標又有鋼鐵銀盒排兩邊古道之人尚不免神仙欲度愁無緣水果堆盤盤茶壺烟袋若巖巒癮來咳嗆無休息以手撫胸坐長歎問君臥遊何時還青雲路絕不可攀但見愁容如枯木勉强支架在人間又聞烟鬼語不惜崩銅山洋烟之害

害人若投淵使我見此凋朱顏一生光陰巳虛擲可憐家徒漸立壁朝呼暮吸肺肝摧腸肚轆轆響春雷其害也若此嗟爾趨時之人胡爲乎吸哉有時自恨何苦來一朝上癮萬難丟開所交臭味同性皆狼與豺烟氣若瘴烟毒若蛇槍槍新槍老殺人如麻始吸雖云樂終不保身家洋烟之害害人若投淵回頭是岸免咨嗟

題烟樓鬼趣圖 七古 失名

茶神酒仙呼不起三千年後出烟鬼烟鬼燒烟如燒丹一日無烟鬼欲死西洋貨賣來中華新烟散入烟鬼家一時食指驟然動滿坐饕餮入如麻曲房幽邃玻璃透香氣如蘭燈似豆畫屏晝掩語聲輕羅幕低垂人影瘦橫牀八尺隱囊支烟鬼橫臥如殭屍何用顛倒問昏曉雨落月明都不知鬼之引動有遲早

故鬼引大新鬼小新鬼嗜此原偶然引引斷猶
如中酒眠故鬼引垂心成疾鼻涕雙垂手如
鐵一鬼持鎗忽長味呵罷一筒通七竅一鬼
對面手欲爭叉手燈前發狂叫旁有數鬼更
奇絕繞牀儼若通呼吸支頤不覺口流涎垂
首無言喉如澁移時衆鬼笑拍肩紛紛滕薛
爭後先斯須瓶盒淨如洗更拾渣滓相熬煎
五更燈盡東方白烟鬼面皮無血色牀頭斜

抱烟筒眠日高欲起起不得君不見飲酒食肉爾與我沈迷此道殊不可只有快活似神仙幾見神仙食烟火

洋場四詠五律　芷汀

輪舟

不倚風帆力横行水國天輪飛雷自激機運浪無權既濟眞符象同人利涉川乘槎泛河漢千古惑張騫

馬車

關捷如流水交飛馬足塵遥聽來得得疾捲去轔轔似仿奇肱製終須正軌循揚鞭眞得意十里遍尋春

地火

活火然千朶明星烱萬家樓臺春不夜風月浩無涯欲奪銀蟾彩眞開鐵樹花登高遥縱目疑散赤城霞

電線

電氣何由達天機不易參縱橫萬里接消息一時諳竟竊雷霆力惟將線索探從今通尺素不藉鯉魚函

上海感事詩七律　　懺情生

客到申江興便狂縱饒慳吝也輝煌四元在手邀花洒八角無蹤入戲場但看衣裘原綺麗若論事業竟荒唐祇愁三節長光近欲避

無臺債孰償

時裝廣襪與京鞋結束風流子弟隹丹桂園
方呼猬妓同新樓又擁嬌娃騰空高坐藍呢
轎點戲榮書白粉牌纔擬招魂驚落魄慘經
寶善一條街

何物能醫此際貧發財票可獲千緡勾人圈
套般般巧迷我神魂色色新樂死是閒應不
悔狂揮片刻也超倫就中難得差强者挨過

殘冬又及春

壁上觀兵戎獨愁廿年桑海在雙眸身非鐵漢千番鍊眼見銅山一夕休金粉有誰談建業烟花翻欲陋揚州一作夜尚鸞交晨兔脫今喧鶉結昨狐裘化工也乏澄清力到此江波變濁流

滬北十景 七絕　漸翹

桂園觀劇

相傳鞠部最豪奢不待登場萬口誇一樣梨

園名弟子來從京國更風華

新樓選饌

酒侶吟朋任款邀羊羹鴨臛好烹調時新那

厭更番換風味由來重六朝

雲閣嘗烟

環房曲室客爭邀縹渺雲霞煩足娛不是酒

家如賣酒冶游人總覷當壚

醉樂飲酒

烟窩酒戶兩忘機漫說啣杯興欲飛酒可解

烟烟解酒今朝不醉不言歸

松風品茶

鏤槅雕窗面面空果堪消遣是松風微聞薌

澤來何處隔座佳人笑語通

桂馨訪美

燕瘦環肥任品論脂香粉膩總溫存可憐幾

曲章臺路不過情人枉斷魂

層臺聽書

小拓璃窗近水樓美人高座說風流聽來不是生公法頑石如何盡點頭

飛車擁麗

妝成墮馬髻雲蟠雜坐香車笑語歡電掣雷轟驚一瞬依稀花在霧中看

夜市燃燈

電火千枝鐵管連最宜舞館與歌筵紫明供

奉今休羡徹夜渾如不夜天

浦灘步月

萬里長空一鏡磨樓臺倒影入江波此邦亦有清涼境搔首何人發浩歌

申江雜詠百首并序 選存六十首

隔七八年樹前舊迹爪認飛鴻從五千里嶺外遄歸形同倦鳥東瀛重到依然風月之場南部何如誰作烟花

之志撫安仁之兩鬢多染霜痕悵杜牧之三生早醒春夢悼深桃葉六如嗟玉局同情坡老於惠州建六如亭以葬朝雲余姬梁氏自惠州攜歸歿於里唱到竹枝百詠愧鐵崖緗語紀申江之逸事有信堪徵效子夜之新聲無詞不俚未抛緻帚藉正斲輪云爾

邦上六勿山房主人稿

租界

北邙一片闢蒿萊百萬金錢海漾來儘把山邱作華屋明明蜃市幻樓台

新北門

新北門開捷徑趨出郊風景迥然殊車聲轆轆平沙道僅費囊中數十蚨

小東門

歌樓舞榭足消魂雞犬桑麻莫並論十六鋪前租界止繁華直到小東門

洋涇橋

洋涇浜畔柳千條雁齒分排第幾橋最是月明風露夜家家傳出玉人簫

一洞天

寶馬香車趁管絃當年風月景無邊滄桑小刼何容易誰訪荒涼舊洞天

新開河

河號新開繞麗譙候潮舟子屢停橈濠南濠

北分中外宛界鴻溝水一條

棋盤街

縱橫界畫似棋盤世路紛紜一例看東角秦樓西楚館誰從局外作旁觀

寶善街

寶善街頭似海春冶游箇箇鬬精神應稱第一銷金窟辜負嘉名愧楚人

盆湯街

攢列蜂房氣不寒澡身爭就此盤桓是閒容

易蒙汙垢賴有香湯似浴蘭

司徒廟

香燭些些費莫猜非關祈子乃求財鬢邊黃

紙籤條插知向司徒廟裏來

領事公館

峩峩公廨壓江灘絕少威儀似漢官樓閣不

殊商賈宅獨標旗桿插雲端

會審公堂

會審紛紜有異同從來治事貴和衷主持公
道無私見都在堂皇一訊中

鐵廠

鐵冶淇鑪利器精鉤心鬬角總分明個中尤
愛風斤運借與人間倒不平

招商局

輪船減價貨爭裝局設招商是保商不讓外

人專壟斷經營經濟策都良

教堂

掛旗升砲也尊王慶賀嵩呼集教堂未得叔
孫綿蕞濱難將禮樂議殊方

格致書院

步塵管輅測星辰股四勾三算學眞惜未身
心參實際談天空有語驚人

申報館

巷論街談費討尋一時聲價重雞林蜃樓結
撰雖無礙淸議原存憤世心

機器印書局

鉛字排成奪化工聚珍活板得册同文章有
用原無幾省卻災梨易奏功

工部局

銜挂司空餙美稱度支心計擅才能衆擎易
舉運閒事散罷金錢百廢興

保險公司

水火偏災本夙因險能買脫事鮮新莫嫌利竇開來巧尚有仁心保衛人

外國墳

誰澆杯酒到棠梨強弱同埋綠草畦七萬里人三尺冢旅魂歸否大洋西

跑馬場

一騎飛騰數騎催萬人叢裏顯龍媒似因講

武鬪場圍卻把輸贏鼓舞來

抛球場

沈醉三郎記打球工夫技擊巧相侔中原唐宋遺風泯逸事翻從海外留

馬車

香塵油壁合從容底事馳驅振轡銜寄語行人須子細車如流水馬如龍

腳踏車

前後勾聯兩鐵輪不須手挽踏芳塵轆轤捷足趨當道一蹶還防笑有人

電線

不須鯉寄與鴻傳電線音馳萬里天兩地語言傳頃刻勝於羽箭疾離弦

垃圾車

半車瓦礫半車灰裝罷南頭又北來此例最佳誠可法平平王道淨塵埃

灑水車

飛沙漠漠日炎炎白恰還防汗雨霑車過忽
成淸爭界看他灑遍水簾纖

大自鳴鐘

大自鳴鐘莫與京半空晷刻示分明到來爭
對腰間表不覺人歌緩緩行

火警鐘

晝分旗色夜燈光高掛空樓辨四方鳴則驚

人誠美器關心莛擊莫張皇

禮拜日

不問公私禮拜虔閒身齊趁冶游天雖然用意均勞逸此日還多浪費錢

午正砲

兵船一砲衆心驚十二聲鐘記得清日影花磚剛卓午果然晷度測分明

拍賣行

日中爲市獨登臺價拍便宜信手擡慚愧書癡無長物倩人爲我賣窮來

呂宋票

天地原爲大騙場生財海上出奇方欲從萬里贏頭彩買票爭投別發行

照相樓

顯微攝影與眞眞較勝丹青妙入神客爲探春爭購取要憑圖畫訪佳人

茶寮

松風閣與桂芳鄰鬢影衣香麗水春莫笑相如多渴病可知佳茗勝佳人

酒館

新新樓接慶興樓月地花天奪酒籌浪費萬錢無下箸那知飢餓有人愁

戲館

丹桂天仙接比鄰還饒金桂關時新京徽且

漫評優孟等是登場傀儡人

華捕

短衫窄袴換西裝充捕居然意氣昂寄語途人須檢束因風柳絮最顛狂

掮客

爲誰辛苦爲誰忙得失無關有別腸北貨南來南貨去兩頭利市總包荒

包探

鬼蜮情形緝訪眞摘奸發伏倍通神是非果否無顛倒吾憶前朝刺事人

仁濟醫館

斷肢能續小神通三指回春恐未工儻使華陀生此日不嫌劈腦治頭風

細崽

烹茶煮酒列輿儓月領洋蚨僅數枚別有深情年少子存心豈爲這般來

拆梢

平地風波起幻泡攫金結黨恣咆哮東來西去梢空拆浪蕩依然沒下梢

租界地保

賺剩金錢繳地租公然社鼠與城狐而今悟得蒙莊理道在卑汙信不誣

馬路管

補天煉石豈尋常碎石修途計亦良築罷登

登三萬杵沙鋪一道碾輪忙

東洋人

願與通商列國躋富强求治志非低奈將開國遺風失改卻衣冠學泰西

洋婦

素練垂裙著地飄輕紗障面避塵囂儘多玉立長身態都爲靈王愛細腰

鹹水妹

不繫羅裙不貼鈿花巾帕首亦翩翩尋常懶著鴉頭襪六寸膚圓比玉妍

女說書

一掐檀痕便有情佳名艷羨喚先生如何未嫁浮梁賈也覺琵琶帶怨聲

花烟間

吹簫身入百花叢氣味氤氳領略同更笑眠雲人不醒糊塗蟲亦可憐蟲

茶圍

爲品旗槍過爾曹銀箏低唱月輪高分明前度劉郎到重向天台認碧桃

叫局

千嬌一例步生蓮纖手輕扶小婢肩入座便來邀拇戰銀奩方寸設當筵

裝乾濕

閒拈瓜子嗑來香更愛枇杷沁齒芳乾濕堆

盤誰適口個中滋味倩郎嘗

本家

鴇母驕人號本家黃金不惜買嬌娃可憐十二三齡女演舞教歌到月斜

帶當

借債添衣飾釧環癡心豈願去時還風塵倘遇垂青客償此區區亦等閒

漂帳

空許纏頭說買春花開夜合少精神莫嫌浪子將兒誑兒亦人間抵債人

娘姨

靈心俏步活雙瞳覓覓尋尋西復東獲得檀郎如至寶但看笑遞水烟筒

京式衣裝

裝束爭登鮑老場長衫濶袖太郎當京靴底厚京鞋薄花樣新翻說大方

黃浦灘

濤聲夜月天妃廟燈影春星海客船無限繁華無限感何如歸種浦東棉

滬游瑣事詞 調寄蝶戀花 半禪居士

戲館

吳浙青陽紛競演妙舞新歌北部今稱冠處處逢場邀采伴香風溢巷雲輧滿 地火燈屏明燦爛傍玉偎蘭入座聽忘倦三疊霓裳

宵未半四圍羅綺偏先散

女優

小隊登場姿婉孌嫋嫋婷婷早入勾闌選一曲凌波羅襪淺臨風欲把仙裾挽　忽引嬌吭歌調變側帽宮花斜壓蟬雲顫巾幗鬢眉俄頭換雌雄撲朔渾難辨

花鼓

一角綵旗斜挂處小小茶樓忽打鼕鼕鼓未

出畫屏聲早度銷魂最是蓮花步　新樣時
妝新樂府蘭芬歡情爭睹婆娑舞騃女癡男
覷似堵宵闌不避行多露

書場

小几安排香袖拂銀甲玲瓏滾滾珠絃活入
座清言霏玉屑一編野史從頭說　年時佳
會聯吳越姊妹分行巧賽春鶯舌來恨姍遲
歌早歇茶多莫解文園渴

茶會

錦洞尋春容易誤門巷誰家慣認天桃樹玉
架呼茶勞幾度客教忙煞紅鸚鵡　纔揭犀
帷陪笑語亦是無端徊又匆匆去花底秦宮
魂栩栩團雲一隊團難住

烟盤

瓜果剛分茶罷與兩兩鴛鴦眠傍芙蓉煖作
訂香盟情繾綣玉纖親捧銀荷勸　小小鼎

盤燈穗剪鬏枕同偎只苦蘭宵短紅豆相思
還是淺春蠶眠起絲長絆

擺酒

大小排當圍翠袖泥客猜拳肯遣良宵負醉
棹艤舩忘夜漏華燈重點笙歌又　如此名
花如此酒如此歡場幾輩能消受卻笑玉山
頹倒後酣眠壓得羅裳縐

留宿

碧玉年華瓜未破一擲纏頭聲價爭人妬幾度消魂仍未果者番不信成眞箇　從此荷珠圓顆顆蝶粉蜂黃香國情無那日上窗紗翻倦臥鸚哥喚起慵梳裹

出局

一寸紅箋傳驀地阿母催粧剌促珠簾底俟我乎而須早詔玉樓小宴梨園戲　檀板金尊筵散未且住爲佳並坐牽羅袂杜宇催人

緣底事抽身酒半留無計

閒遊

曲徑兜鞋弓淺印阿妹扶肩纔步憐嬌困石葉熏衣花壓鬢下風陣陣濃香引　軋軋小車紅褥襯輪與飛輪一道芳塵穩過市招搖馳太迅幾回錯把蠻姬認

燒香

昨日五通剛祭罷古社叢祠又報神絃賽齋

守隔宵郎莫怪心香未爇先持戒　蓮座朝
來人似海結伴爭先奪箇蒲團拜虔祝慈雲
私願在歡常團聚身康泰

脫簪

絕代蛾眉誰替贖墮溷飄茵命比桃花薄幹
當明珠量十斛阿嬌本是宜金屋　擡舉東
風心暗祝綺夢驚回從此拋羅縠前度客來
香徑熟滿枝空帳成陰綠

申江感事詞調寄蝶戀花　夢覺人

無題

有里兆榮並兆富近接公興都是平康路捲上珠簾開繡戶美人倚立斜陽暮　喝到肩輿門外住客至傳呼獻茗添玫露相對多情頻絮語空房不管旁人醋

女號先生名最著愛聽彈詞閑步尋書寓引上高樓多雅趣故高聲價教人慕　一種溫

柔僥態度抱起琵琶半響調絃柱唱得開篇纔幾句客來又要周旋去

酒館亦分南北部海錯山珍價目懸牌註好是慶興湯爆肚復新燒鴨尤其著　席上微聞香澤吐賭酒猜拳豪興因花助費卻萬錢忘下箸呆呆枉作周郎顧

鑼鼓聲喧朝又暮腳色京都絕藝兼文武燈火自來高下布座中人滿無空處　纔下肩

輿爭引步不座包廂正桌英洋五少待片時
無意緒紛傳叫局紅箋去
滿地烟花俱不數別有清音坐字招牌豎一
榻橫陳鋪設具味高偏有茶香助 畫閣沿
街添幾處紅好堂倌都是蘇州女遞得殷勤
新盥布眼波斜睇勾人住
無限風光黃歇浦暮暮朝朝不惜金揮土飄
泊天涯人幾許乞兒曾作豪華主 不信相

思眞有樹底事諸君竟被風流誤回首方知
行役苦何如收拾尋歸路

海上十空曲　　香鴛生

青樓

簾捲香風著粉施朱夕照中秋水雙波動勾
引多情種冬酒綠與燈紅請衣入虆帳臥銷
金直把金銷送君看露水恩情總是空

游客

浪蝶狂蜂問柳尋花意興濃覿面情偏重乾
爆殷勤奉咚仔細莽巫峰將入斷送擲盡黃
金驚覺癡兒夢君看影裏情郎總是空

女堂烟館

香霧盈空折桂頭教到月中臺上仙來鳳一
笑烟槍奉咚彷彿人花叢瓊漿兼送約度巫
峰怎奈雙遊重君看半截觀音總是空

女書

綫索錚鏦作態登場顏轉紅音韻悠揚弄還愁無迎送咚堂唱興尤濃相思拚種無奈曇花一現兜羅夢君看一曲琵琶總是空

戲館

鑼鼓聲中鬼轆神旗氣象雄奇幻盤絲洞艷冶描金鳳咚異曲更同工京伎爭鬪士女紛紜錯坐幾無縫君看優孟衣冠總是空

花鼓戲貌兒戲

異處求工滛逞妖姬狂逞童花鼓新腔送賣
眼春心動咚醜態帽兒同干戈虛弄一樣排
場難把周郎喫君看輕薄桃花總是空

酒館

舜韭堯葱若干錢未足供樓説慶典重肴
饌依時奉咚處處一般同嘉賓任共行合猜
枚月影花梢動君看饕餮成風總是空

茶館

閣敞松風非陸非盧與也濃嘈雜人聲鬨搭
腳姘頭其咚麗水混魚龍天開一洞龍井松
蘿只要兒方孔君看調水分衿總是空

花酒

妝亦稱紅施本西家忽往東草楊烟氛重此
腹眞堪捧咚任爾粉脂濃催去一哄袖得千
錢十匣欣然奉君看一陣殘花總是空

燒香

粧飾偏工有女如雲廟入紅一瓣心香奉伴侶虔誠共咚邑廟憶城中閣來丹鳳稽首慈悲早賜團圓夢君看色相真如總是空

滬上新詠　倣七筆勾體　失名

梨部名優令看春奎楊月樓正桌紅粧侑出局烏師候紮國忌不停休閒消白晝慢道功名一曲長生負可嘆把禮法王章一筆勾

羅列珍羞饕餮年來辨味周卻厭新新舊復

鄙同輿陋嗏又啟最佳樓生靈寃藪活割生

烹釜底誰憐救竟忍把愛物仁心一筆勾

肥馬輕裘下隸輿臺均富侯色樣翻新舊紅

紫淆男婦嗏別有爛羊頭頂韡澗袖敗絮其

中金玉包銅臭從今把名器衣冠一筆勾

鄉戀溫柔眞箇消魂十里樓集底秋波溜帳

裏春風透嗏知否有人愁寒閨獨守好夢閒

尋回首忘嘉耦可憐把琴瑟恩情一筆勾

閒約消愁喝雉呼盧不肯休金帛貪心誘勝
負豪情鬬紫一擲付東流那堪回首鬼蜮潛
謀機巧難防守不如把翻本這梢一筆勾
狎結朋儔萬里眠雲足卧遊鎗管傳香口巾
茗攜纖手[illegible]不覺餌吞鈎容顏消瘦從此開
門七件伊誰首管教把事業精神一筆勾
略舉其尤欲挽狂瀾倒下流須要身心究非
禁洋場走嗦興偶一乘游陶情詩酒點綴昇

平勝境何妨有豈敢把盛世鶯花一筆勾

遲游雜記卷三

葛氏嘯園藏板

遲游雜記　卷三

滬游雜記卷四目錄

電報輪車價目　各洋行輪船

招商局輪船　英法公司輪船

會館　公所

租界洋行　絲棧

絲號　茶棧

山西滙業　南市滙劃錢莊

北市滙劃錢莊　洋貨係洋布呢羽

客棧

滬游雜記卷四

武林葛元煦理齋

和約各國

大英國　即暎咭唎

大法國　即法蘭西

大美國　即亞美利駕

大俄國　即俄羅斯

大北德意志國　前名日耳曼　後名布魯斯

大奧斯馬加國前名奧斯低尼亞

大日斯巴尼亞國即西班牙

大荷蘭國即大和國

大瑞威頓國

大瑙威國與瑞威頓兩國一君

大丹國西語稱丹墨國

大西洋國即葡萄牙國

大意大利國

大比利時國

大日本國

大秘魯國

湖海詩言 卷四

駐滬各國領事官銜名

大英國按察使佛琳史

副按察使默挖特

正領事達文波

副領事阿林格

繙譯官施本恩

司格達

金璋

大法國總領事李梅

繙譯官白理格

大美國總領事貝禮

繙譯官瑪高温

大俄國總領事孔琪庭

副領事兼繙譯官聶鼎

西賓陳慶元

大德國領事呂德

繙譯官穆麟德

大西洋國領事席爾發

繙譯官畢禮納

大奧國領事卜理挖皆

繙譯官夏士

大意國總領事普郎極

繙譯官鄧文道

大日國領事嘉拉意

繙譯官俄利喴喇

大和國領事海騰

大丹國領事莊純

大比國領事莫汝

繙譯官白理格

大瑞國領事佛弼師

繙譯官馬格磊

大日本國領事品川忠道

繙譯官吳碩

新關正稅務司赫政

副稅務司許妥瑪

繙譯官勞德

河泊司威基媧

總營造司夏德

法國正主教郎懷仁

副主教文成章

步天衢

院長谷振聲

英美國租界會審委員

江蘇候補知縣陳福勳

法國租界會審委員

江蘇候補知縣孫士達

書畫名家

錢塘吳　淦字鞠潭　楷行書

上虞徐三庚字辛穀　隸篆書兼鐵筆

湖州湯經常字壎伯　行書

蘇州莫瑞清字直夫　楷書

吳江褚世鏞字平巖　行書

上海蔣　節字幼節　行書兼鐵筆

嘉興金爾珍字吉石　楷書

金陵陳　還字還之　行書兼鐵筆

常熟衛　鑄字鑄生　行書兼鐵筆

嘉興張　熊字子祥　花卉翎毛山水

盛澤王　禮字秋言　花卉翎毛山水

華亭胡　遠字公壽　山水花卉

嘉興朱　偁字夢廬　花卉翎毛

紹興任　頤字柏年　人物花卉翎毛草蟲

嘉興楊伯潤字佩甫　山水

金陵鄧啓昌字鐵仙　花卉翎毛士女
蘇州唐祿字芸閣　花卉翎毛
揚州陳若木字崇光　山水
揚州高翔字芸生　花卉翎毛
甯波舒浩字萍橋　人物花卉翎毛
紹興謝岷字采山　士女人物
蘇州尹銓字小霞　士女兼寫眞
金陵章鐘字銘甫　山水兼篆書

上海錢慧安字吉生　工筆人物

鎮江趙遂禾字嘉生　山水花鳥

蘇州羊毓金字庚生　花卉人物

安徽胡璋字鐵梅　山水花鳥

嘉定李　字仙根　寫眞

金陵孫楷字子書　花卉禽獸草蟲

金陵張寶生字善夫　花卉翎毛

　錢鳳鳴字梅生　花鳥

山東張守夔字星綠　山水
石門金　字松泉　士女人物
蘇州王　荃字友棠　花鳥
金陵王　寅字冶梅　山水人物花鳥

谀訪粹言 卷四

申江潮汐

初一初二初三日　子午長　卯酉退

初四初五日　丑未長　辰戌退

初六初七日　寅申長　巳亥退

初八初九初十日　卯酉長　子午退

十一十二十三日　辰戌長　丑未退

十四十五日　巳亥長　寅申退

十六十七十八日　子午長　卯酉退

十九二十日　丑未長　辰戌退

二十一至二十三日　寅申長　巳亥退

二十四二十五日　卯酉長　子午退

二十六至二十八日　辰戌長　丑未退

二十九三十日　巳亥長　寅申退

中外商貨完稅章程

海關之設征洋船所載各貨之稅也稅有洋貨土貨之別而土貨完稅又有海口長江之分報關完稅等事各有定章摘錄備覽

洋貨由外洋運至通商海口照則完一進口正稅日後改運通商別口赴關報明驗係原包原貨由關發給免重征執照至別口

不再征稅如欲將前稅請還存票留抵日後別稅則不發免照至別口再完進口稅銀惟轉運長江三口者不發存票若欲運回外國期在三年之內准將前完進口發還存票留抵日後別貨稅銀

土貨由通商海口運往外國照則完一出口正稅如欲運往通商別口亦照則完一出口正稅由關給發收稅單至第二口再完

復進口半稅倘再由第二口轉運第三口則由第二口將前征復進口半稅給還半稅存票另給已完正稅憑單至第三口再征復進口半稅如再轉運第四口亦照此辦理

長江土貨除風蓬夾板等船及未領長江專照之輪船仍照通商海關章程一律辦理外所有已領專照來往長江之船所載土

貨由長江之江漢九江鎮江三口運往上海者則在出口之關完一出口正稅並完一復進口半稅給發正半稅收稅單貨到上海不再完稅如再轉運通商別口則由上海關給發請還半稅執照向長江原出之關請還前完復進口半稅并一面另給已完正稅憑單至別口再完復進口半稅如由長江三口運往上海之貨係將來須

載赴外國者其出長江口時祇須照則完一出口正稅其立一年限期必運外國之保結存關不必預完復進口半稅此等貨物抵上海後如在一年限內運往外國則由上海關給發請銷保結執照持回長江原出之關呈銷保結倘一年限內未繳執照則由原出之關按照保結補征復進口半稅至於上海運往長江之土貨如係上

海本口之貨則照完一出口正稅並完一復進口半稅至長江各口不再征稅若係通商別口復進口之貨由上海轉運長江者進口時已收過復進口半稅此時不再重征亦不將前征半稅發還存票

洋貨進口完稅後如欲運進內地則在海關完一入內地子口半稅由關發給內地稅單持赴各處沿途關卡不再重征

洋商欲在內地販買土貨運至海口載往外國者先在海關請領三聯報單持赴內地辦齊貨物後即在內地第一子口報明登註單內沿途各子口查單驗放毫不徵抽稅釐貨至海關所設出內地之卡本商即赴海關報完出內地子口半稅由關給發過卡准單交卡放行此等貨物日後運往外國仍照稅則完一出口正稅

輪船沿海路程

上海至山東燕臺約三千二百餘里

由上海至吳淞四十里　吳淞至佘山三百六十里　佘山至鷹游門約一千五百里　鷹游門至山東石島約六百餘里　石島至燕臺約七百餘里

上海至直隸天津約四千餘里

由上海至燕臺約三千二百餘里　燕

臺至直隸大沽口約八百里　大沽口
至天津東關約一百八十里
上海至浙江甯波約八百餘里
由上海至吳淞四十里　吳淞至浙江
鎮海約七百餘里　鎮海至甯波六十
里
上海至福建廈門約四千四百里
由上海至浙江鎮海約八百里　鎮海

至溫州港口約一千二百里　溫州港

口至福州五虎口約一千二百里　五

虎口至厦門約一千二百里

上海至廣東汕頭約六千八百里

由上海至福建厦門約四千四百里

厦門至潮州汕頭約二千四百里

上海至廣東省珠港口約七千六百里

由上海至廣東汕頭約六千八百里

汕頭至珠港口約八百里

附粤省珠港口至香港約七百餘里

輪船長江路程

上海至鎮江六百九十里

由上海至吳淞四十里　吳淞至狼山一百五十里　狼山至江陰一百九十里　江陰至西山一百九十里　西山至鎮江一百二十里

上海至蕪湖一千二十里

由上海至鎮江六百九十里　鎮江至

儀徵六十里　儀徵至金陵九十里
金陵至采石磯九十里　采石磯至東
西梁山五十里　梁山至蕪湖四十里
上海至九江一千七百十里
由上海至蕪湖一千二十里　蕪湖至
荻港九十里　荻港至大通九十里
大通至樅陽九十里　樅陽至安慶九
十里　安慶至東流九十里　東流至

小姑山八十里　小姑山至彭澤十里

彭澤至湖口九十里　湖口至九江

六十里

上海至漢口二千二百五十里

由上海至九江一千七百十里　九江

至龍坪九十里　龍坪至武穴三十里

武穴至蘄州六十里　蘄州至道士

洑六十里　道士洑至黃石港三十里

黃石港至黃州九十里　黃州至葉家洲九十里　葉家洲至楊邏三十里　楊邏至淸山三十里　淸山至漢口三十里

輪船馬頭 附開輪日期

往天津燕臺無定期一禮拜總有兩處開輪

怡和洋行輪船　在虹口本行馬頭

招商局輪船　在金方東馬頭

往牛莊無定期一月有數次開輪船泊天津馬頭

往粵省香港福州廈門汕頭無定期禪臣輪船赴粵省約一禮拜開一次英法兩公司撥一禮拜輪開一隻每逢禮拜六早晨開輪○各洋行赴福建廣東各海口輪船甚多因無定期無馬頭

故不備載

禪臣洋行輪船　在虹口順泰馬頭

招商局輪船　在虹口北本局馬頭

英法公司　在洋涇橋江心下椗

往甯波　除禮拜逐日准四點鐘開輪次日黎明抵甯

招商局輪船　在金利源南馬頭

往長崎神戶橫濱　禮拜三黎明開輪

三菱洋行輪船　在虹口本行馬頭

往長江漢口等處招商局禮拜二四五六太古行禮拜一三均半夜或五鼓開輪馬立師行無定期亦無馬頭

太古洋行輪船　在本行馬頭

招商局輪船　在金利源馬頭

沿海輪船搭客價目

由上海至各海口

天津銀十五兩

燕臺銀十兩

牛莊銀十五兩

福州洋八元

廈門洋八元

汕頭洋七元

香港洋八元

廣東省河洋九元

甯波洋一元上艙二元

長崎洋六元

神戸洋十元

橫濱洋十五元

附公司輪船搭客至香港洋九元

長江輪船搭客價目

由上海至鎮江一兩二錢　至金陵一兩六錢　至蕪湖二兩七錢　至大通三兩二錢　至安慶三兩七錢　至九江四兩六錢　至武穴四兩九錢　至漢口六兩　至宜昌十二兩

由鎮江至金陵五錢　至蕪湖一兩五錢　至大通二兩　至安慶二兩五錢

至九江三兩四錢　至武穴三兩七錢　至漢口四兩八錢

由金陵至蕪湖一兩一錢　至大通一兩七錢　至安慶二兩二錢　至九江三兩　至武穴三兩三錢　至漢口四兩五錢

由蕪湖至大通六錢　至安慶一兩一錢

至九江一兩九錢　至武穴二兩二

錢　至漢口三兩四錢
由大通至安慶六錢　至九江一兩四錢
至武穴一兩七錢　至漢口二兩八
錢
由安慶至九江九錢　至武穴一兩二錢
至漢口二兩三錢
由九江至武穴四錢　至漢口一兩五錢
由武穴至漢口一兩二錢

以上皆散艙搭客銀數係用上海
豆規銀兩往來價同如搭上艙房
間照數加半倍

電報輪車價目

電報

由上海寄香港粵省及長崎每十字洋三元　十一字至二十字洋六元二十一字至三十字洋九元

由上海寄神戶橫濱每十字洋五元十一字至二十字洋十元　二十一字至三十字洋十五元

以上字數如多照數遞加

輪車丁丑十月停止

由上海至江灣上座每客洋半元往回七角五分　中座二角五分往回半元　下座錢一百文往回一百八十文

由上海至陞旂處及吳淞江上座每客洋一元往回一元五角　中座半元

往回七角五分　下座錢二百文往
回三百六十文
由陸旂處至吳淞江上座每客洋一角
往回二角　中座五分往回一角
下座錢三十文往回五十文
以上小童十歲以內減半如
帶犬不論遠近每隻洋一角

各洋行輪船

怡和洋行

怡便　新南陞　大沽

順利

以上天津燕台等處往回

有利

以上福州往回

海龍　夏千阿頓　吉連依故

以上長崎橫濵等處往回

太古洋行

北京　上海　漢口

愊信

以上長江至漢口等處往回

福州　汕頭

以上燕台牛庄往回

天津　牛庄　芝罘

温州　別林

以上汕頭厦門往回

禪臣洋行

洋子　毡拿　鎮江

厦門　甯波

以上廣東省河香港等處往回

亞林啤　香豐　愛藍脫

以上牛庄往回

馬立師洋行

漢陽　華利

以上長江至漢口等處往回

三菱洋行

希魯西麥魯　托局麥魯

納格約麥魯　可可耶麥魯

成開麥魯

以上東洋長崎橫濱等處往回

老太古洋行

士顛打　吃打　亞遮衣士

亞基釐士　刀架　爾士打

低苗

以上厦門香港往回

招商局輪船

保大　豐順　日新

利運　永清　富有

漢廣　鎮東　鎮西

海琛

以上天津香港外洋等處往回

江源　江靖　江寬

江孚　江永　江天

以上長江等處往回

海宴　江平

以上甯波往回

海定

以上福州温州往回

和衆

以上汕頭往回

英公司輪船

麥而王　基蕐　竹林巴地

雞籠　三澗　三臬詩

得健　庇修華　嗌咪

茄士架　太拔　禮山

燕凋士　蘇棘　卡的

地希倫　果利也　馬魯華

以上由香港赴外國往回

法公司輪船
因活特晚　曼拿厘　啞嗶
梯架辣　仙地　生達
喊馬桑　啤柯　堅姆那
惡其厘　爹川拿　亞馬生
埃麥石　帝搿　意勞威利
以上由香港赴外國往回

會館

徽州會館　在西門外南首

潮會會館　在大東門外久大碼頭

泉漳會館　在大東門外

潮州會館　在小東門外洋行街

紹興會館　在西門外

江西會館　在小普渡橋

甯波會館　在小南門外荷花池頭

絲業會館　在盆湯衖巡捕房間壁

茶業會館　在老閘

錢業會館　在老閘

公所

廣肇公所　在二擺渡泰安坊對街

四明公所　在老北門外西沿河

浙紹公所　在新北門內穿心街

滙業公所　在文運街慶興樓街內

杭綢公所　在南晝錦里

洋貨公所　在南晝錦里

綢業公所　在三馬路

玉器公所　在老北門內侯家浜

藥材公所　在西門內藥王廟

米業公所　在邑廟園三穗堂

酒業公所　在邑廟點春園間壁

油麻公所　在大東門外太平街

烟業公所　在大東門弔橋堍下

烟業公所　在老閘大橋北首

南貨公所　在南門內也是園浜

北貨公所　在邑廟點春園

火腿公所　在大東門外大生火腿店

燭業公所　在南門內也是園浜

信業公所　在鹹瓜街南首

未作公所　在新北門內硝皮街

租界洋行

德豐銀行　天裕洋行

旂昌洋行　會德豐洋行

元芳洋行　滙中洋行

仁記洋行　義源洋行

别發洋行　怡和洋行

滙豐洋行　禪臣洋行

魯麟洋行　麗如銀行

法蘭西銀行　英輪船公司

法輪船公司　恒裕豐輪船公司

以上在洋子路即英界沿浦灘

老德記藥房　福利洋行

公道洋行　泰興洋行

兆豐洋行　些蘆公司

美記洋行　科發藥房

以上在南京路即大馬路

新沙遜洋行　新寶順洋行

阿加利洋行　有利洋行

保和洋行　公昌洋行

以上在九江路即二馬路

麥加利洋行　保家洋行

復昇洋行　義泰洋行

工部書信館　華洋書信館

字林洋行

以上在漢口路即三馬路

裕盛洋行　協隆洋行

豐泰洋行　和順洋行

保安洋行　望益紙館

保甯洋行　信和洋行

高易洋行

以上在福州路即四馬路

天祥洋行　裕和洋行

太平洋行 乾泰洋行

謙泰洋行 德泰洋行

昇寶洋行 復泰洋行

隆茂洋行 晋隆洋行

昇泰洋行

以上在廣東路馬路即五

新泰昌洋行 廣昌洋行

老麥加利洋行 派利洋行

亨達利洋行

以上在江西路即三洋涇橋北

太古洋行　地亞士洋行

長利洋行　和明洋行

隆泰洋行　成大洋行

賚賜洋行　公裕洋行

以上在四川路即二洋涇橋北

公易洋行　中和洋行

以上在河南路卽棋盤街北

順記洋行　那松洋行

以上在虹口路

順利洋行　德和洋行

阿立威洋行

以上在圓明園路

播威洋行　信和洋行

和記洋行　英茂洋行

萬隆洋行　履泰洋行

筆喇洋行

以上在北京路

廣豐洋行　阿化威洋行

以上在香港路

恒豐洋行

在中江路

麗泉洋行　錦名洋行

在泗涇路即新開馬路

得利洋行　太古輪船公司

八巴利洋行　順昌洋行

福泰洋行　利記洋行

仁昌洋行　法昌洋行

廣泰洋行　南順泰洋行

利名洋行　新載生洋行

以上在法界東北一帶

絲棧

祥泰字號　在通正永棧

永達仁字號　在清遠里

怡成字號　在清遠里

源號字號　在清遠里

陳興昌字號　在三馬路

祥記字號　在泰康里

增泰字號　在二洋涇橋

敦泰字號　在敦睦里

仁茂字號　在恆安里

順號字號　在公安里

耕記字號　在景行里

雲集字號　在興仁里

森元字號　在泰安坊

允吉字號　在兆福里對門

方振記字號　在阜安里

陸成大字號　在盆湯街

成順泰字號　在三和里

森泰字號　在阜安里

絲號

顧壽泰字號　在四馬路

邢恒順字號　在恒源里

劉質記字號　在阜安里

龎怡泰字號　在泰康里

張源泰字號　在泰安坊

周申昌字號　在二擺渡陳八和對門

周申泰字號　在周申昌號內

張恒和字號　在增泰棧內
周鼎茂字號　在增泰棧內
李萬成字號　在增泰棧內
張豐泰字號　在增泰棧內
周嘉福字號　在增泰棧內
梅恒裕字號　在增泰棧內
姚大仁字號　在增泰棧內
萬茂號字號　在增泰棧內

祥記號字號　在增泰棧內

陳昌泰字號　在德興里

陳林記字號　在二馬路

金嘉記字號　在早安里

趙廣信字號　在早安里

楊萬豐字號　在清遠里

邵文順字號　在清遠里

許仁昌嵋記字號門歇　在清遠里

許仁昌文記字號閉歇　在清遠里

陸鼎茂字號　在盆湯街

邱啓昌字號　在仁茂棧

邱奕茂字號　在源遠街

邱茂泰字號　在順號棧內

朱啓源字號　在永達仁棧內

薛源豐字號　在耕記棧內

沈琛記字號　在耕記棧內

徐恒裕字號　在耕記棧內

與泰字號　在耕記棧內

許仁昌香記字號閉歇　在同利里

朱永盛字號　在祥記棧內

奚吉祥字號　在祥記棧內

龐同順字號　在祥記棧內

沈永泰字號　在祥記棧內

廣信號字號　在祥記棧內

同豐字號　在祥記棧內

生記字號　在祥記棧內

丁昌記字號　在陳與昌棧內

同昌字號　在增泰棧內

福記字號 閉歇　在陳與昌棧內

泰康字號　在陳與昌棧內

沈啓茂字號　在陳與昌棧內

世隆字號　在陳與昌棧內

徐世興字號　在陳興昌棧內

張恒豐字號　在陳興昌棧內

邱成泰字號　在陳興昌棧內

邵月記字號　在陳興昌棧內

張震記字號　在怡成棧內

韓廣興字號　在怡成棧內

嚴掌記字號　在隆慶里

陸克昌字號　在祥記棧內

錢宏順字號　在通正永棧內

陸洪豐字號　在成大棧內

張大有字號　在祥記棧內

沈協和字號　在森泰棧內

楚記字號　在源號棧內

沈蘭記字號　在源號棧內

茶棧

堃泰祥字號　在拋球場東首

廣源祥字號　在早安里

隆泰昌字號　在拋球場後錢行南

森盛恒字號　在拋球場後錢行南

春華祥字號　在拋球場後錢行路東

陳人和字號　在二擺渡

江裕昌字號　在二擺渡泰安坊路北

隆記字號　在早安里

杏記字號　在早安里

協茂廣字號　在珊記碼頭路東

和興祥字號　在珊記碼頭路東

謙慎安字號　在珊記碼頭

敬和昌字號　在長樂里四巷

允吉字號　在二擺渡

公和裕字號　在大馬路東仁里

益記字號　在長樂里二巷

寶泰隆字號　在興仁里

衡升恵字號　在集賢里

庚和隆字號　在敦睦里西首對街

善昌榮字號　在二洋涇橋路北

久記字號　在四馬路中

山西滙業

蔚豐厚字號　在興仁里

百川通字號　在興仁里

協成乾字號　在興仁里

蔚泰厚字號　在興仁里

志成信字號　在興仁里口永興棧內

乾盛亨字號　在興仁里南口

元豐玖字號　在同和里南口

協和信字號　在同和里南口

三晉源字號　在二擺渡同春洋行

松盛長字號　在錢行東首永源棧內

蔚盛長字號　在平安里

存義公字號　在平安里

合盛元字號　在拋球場後

新泰厚字號　在拋球場後

協同慶字號　在拋球場後

謙吉昇字號　在集賢里

巨興和字號　在大馬路

巨興隆字號　在二馬路

雲豐泰字號　在興仁里

蔚長厚字號　在三馬路

日昇昌字號　在四馬路

三和源字號　在大東門外

南市滙劃錢莊

集生字號　在竹行街

源記字號　在王家嘴角

同元生字號　在花衣街

同康字號　在花衣街

泰康字號　在花衣街

瑞康字號　在施家街

震大字號　在施家街

德康字號　在施家街

椿源字號　在施家街

延年字號　在新碼頭

源元字號　在吉祥街

順元字號　在吉祥街

和盛字號　在吉祥街

慎泰字號　在吉祥街

震昌字號　在吉祥街

允德字號 在吉祥街

福源字號 在吉祥街口

慎生字號 在敦仁里

正豐字號 在敦仁里

昇元字號 在棉陽里

洪泰字號 在棉陽里

大豐字號 閉歇 在巽森沅木行內

逢源字號 在洞庭山碼頭街內

安康字號　在洞庭山碼頭街內
肇康字號　在花衣街
巨源字號　在毛家衖
晉源字號　在毛家衖
慎康字號　在敦仁里
至公字號　在吳家衖
震源字號　在油車衖
永大字號　在油車衖

昌大字號　在油車街

恒大字號　在敦仁里

聚泰字號　在吉祥街

德昇字號　在洲東街

昇茂字號　在外郎家橋北堍

元大亨字號　在壩基

乾裕字號　在務本巷

慶和字號　在龍德橋南

大豫字號　在務木巷

源泰恒字號　在王家碼頭

阜南字號　在小橋南

南公估局　在毛家街

北市滙劃錢莊

公大字號　在興仁里

承豐字號　在興仁里

慎號字號閉歇　在興仁里

慎餘字號　在興仁里

延康字號　在興仁里

公泰字號　在興仁里

壽康字號　在興仁里

元利字號　在興仁里

乾泰字號　在興仁里

阜豐字號　在興仁里

德昶字號　在興仁里

寶興字號　閉歇　在興仁里

成泰字號　在興仁里

惠安字號　在興仁里

乾德字號　在同和里

安滋字號　在同和里

怡如字號　在同和里

乾康字號　在同和里

樹德字號　在同和里

愔泰字號閉歇　在同和里

慎益字號仁記　在同和里

源泰字號　在同和里

延大字號　在同和里

震祥字號 閉歇 在同和里

久康字號 在同和里

允康字號 在早安里

五康字號 在興仁里

乾通字號 在民和里

肇泰字號 閉歇 在泰安坊

福泰字號 仁記 在民和里

德泰字號 在泰安坊

鼎豐字號　在同和里

允泰字號　在青陽里

生生字號　在永安里

寶泰字號　在德興里

厚德字號　在德興里

咸泰字號　在德興里

崇德字號　在集賢里

阜康字號　在集賢里

慎亨字號　在集賢里

源源祥字號　在阜安里

頤德字號恆記　在阜安里

萃和字號　在拋球場後楊泰記街

恆康字號　在拋球場後楊泰記街

巨豐字號　在拋球場後楊泰記街

安豐字號　在拋球場後楊泰記街

貞生字號歇　在拋球場信大槽坊對街

新吉字號　在抛球場信大槽坊對衚

愼康字號正記　在抛球場新泰厚衚內

晉吉字號　在抛球場協同慶衚內

廣泰字號　在錢行西首路北

鼎源字號閉歇　在錢行西首路北

緒元字號閉歇　在錢行西首路北

晉德字號　在錢行西首路北

同元生字號　在錢行後衚

延生字號　在錢行後街

仁元字號　閉歇　在寶善街

純泰字號　在興仁里

延昌字號　閉歇　在望平街

峻德字號　在民和里

泰昌永字號　在拋球場路南

大有豫字號　在拋球場路南

申昌字號　在永安里

北公估局　在抛球場後平陽里

洋貨係洋布呢羽

恒興字號　在大馬路

萃昌順字號　在大馬路

泰森字號　在大馬路

日興昌字號　在大馬路

大豐字號　在大馬路抛球場路南

大同字號　在大馬路望平街口

增泰字號　在大馬路親仁里口

復升字號　在大馬路觀仁里口
恒豐字號　在大馬路集賢里口
春源字號閉歇　在三茅閣橋路北
元成字號　在三茅閣橋路北
日新盛字號　在三茅閣橋路南
寶成字號　在法界大馬路
恒泰豐字號　在小東門內
四達字號　在小東門內

鉅豐昌字號　在大東門外

恒豐信字號　在大東門外大街

復源字號　在老白渡裏街

協豐字號　在大東門內

長豐字號　在大東門內

森森順字號　在大東門內大街

義泰字號　在城內東街

客棧

老椿記棧　在寶善街公順里

天保棧　在抛球塲後平陽里口

義利棧　在永安街

同豐棧　在三馬路外國墳路南

長發棧　在二洋涇橋北堍

西信源棧　在東興聖街

東來棧　在三馬路西畫錦里對門

永裕棧　在三馬路南晝錦里口

同茂棧　在新北門外天一樓街內

京江棧　在東興聖街

泰興棧　在三茅閣橋北三馬路口

甡記棧　在寶善街北兆榮里對門

儀和棧　在四馬路中棋盤街北

同慶公棧　在三馬路中望平街口

丹桂大觀天仙各茶園名班腳色

孫春恆　空城計孔明　寄子鄧伯道　審頭陸炳　請宋靈岳武穆

孫鞠仙　文昭關伍員　天水關武侯　捉放陳宮　戰荊湖宗澤

劉均喜　李陵碑楊業　造白袍劉先主　烏盆記綢緞客

林連桂　瓊林宴范文正　八大鎚王佐　烏龍院宋江

劉久奎　鳳鳴關趙雲　一捧雪莫仁

陳萬有　取城都劉璋　洪洋洞楊延昭

麻子紅　蘆花河薛丁山　海潮珠崔杼

張雲亭　斬黃袍高懷德　焚棉山介子推

趙祥玉　伐子都穎考叔　打嚴嵩嚴嵩

小禿三　陳塘關哪吒　趕三關薛平貴

杜蝶雲　狀元譜陳大官　販馬記趙縣令
鬧房樂趙子昂　討荊州周瑜

楊吉祥　賣胭脂郭華　黃鶴樓周瑜　取
洛陽岑彭

任　七　翠屏山石秀　連環套惡虎村落
馬湖黃天霸　蜈蚣嶺武松

黃月山　伐子都子都　四杰村俞千　趙
家樓華雲龍　泗州城孫悟空

李春來　三岔口任唐輝　八蜡廟黃天霸
四杰村俞千　摩天嶺薛仁貴

陳春元 四杰村俞千 挑華車高寵 無底洞孫行者

貴小 連環套朱光祖 九龍盃楊襄五 三义口劉利華

王八十 界牌關羅通 武當山朱太祖

沈韻秋 界牌關羅通 九龍盃季全

一斗金 跪樓羅章 走國姬光

大奎官 白馬坡顏良 盜御馬竇爾墩 取洛陽馬武

謝梅卿 昊天關花逢春 四杰村濮天鵬 落馬湖萬金詔

王兆奎 焚緜山介之推 鳳鳴關趙雲

孟七　收關勝關勝　飛义陣祁虎豹　白蓮寺和尚　獅子樓武松

趙殿奎　北極觀蔡天化　美人計張飛

董三雄　取洛陽馬武　絕鳳嶺龐士元　九龍盃黃三泰　天水關姜維

環九　辰州擂燕青　八蜡廟張桂蘭

張大四　武文華武文華　四美圖蔣忠　艷陽樓青面虎

袁世奎　牛頭山金兀朮　鎖五龍單雄信

田黑　盜御馬朱光祖　霸王莊楊相和

趙德虎　潮金頂周將軍　白水灘青面虎

周松林　狀元譜墳丁　梅玉配周婆　借妻張骨董

周來全　貪歡報張旺　討魚稅教師　滾燈

朱二小　絨花記崔其發　雙鈴記奸夫

李毛兒　賣皮絃客八　雙釘記吳能手　十二紅畢朋

禿扁兒　閻王樂閻王　翠屏山海闍黎

陳吉太　雙跑馬張三　三上弔竊賊　三岔口劉利華

李棣香　雄黃陣白蛇　羣英會周瑜

趙寶齡　雙釘記白金蓮　紅鸞禧金玉奴

朱翠鳳　三休樊梨花　迴龍閣打金枝公主

謝寶林　蟠桃會猪婆龍　梅玉配少夫八
　　　　海潮珠崔杼妻

劉鳳林　上墳小寡婦　賣餑餑大嫂子

陳彩林　取金陵鳳吉公主　打花鼓花婆
　　　　四郎探母公主

萬盞燈　上墳小寡婦　雙搖會二娘　翠
　　　　屏山潘巧雲　烏龍院閻婆惜

十三旦　迴龍閣公主　佘塘關佘賽花
　　　　八大鎚陸文龍

十四旦　海潮珠崔杼妻　佘塘關佘賽花
　　　　四郎探母公主　十八扯妹子

一盞燈　刺目李亞仙　拾玉鐲宋玉姣
　　　　雙搖會二娘

小桂壽 拾玉鐲宋玉姣 抱娃進府表大奶奶 送灰麵大嫂子

吳蘭仙 來唱二奶奶 雙搖會二娘

黑兒 四杰村鮑金花 演火棍楊排風 泗州城龍母 金山寺白娘娘

韓桂喜 五福堂白牡丹 演火棍楊排風 泗州城龍母

對兒 四杰村鮑金花 雙跑馬張三妻

大福喜 十字坡二龍山孫二娘

澠游雜記卷四終

葛氏嘯園藏板